वहाँ तक पहुँचने की दौड़

[कहानी-संग्रह]

वहाँ तक पहुँचने की दौड़

राजेन्द्र यादव

राधाकृष्ण प्रकाशन

ISBN : 978-81-7119-040-9

वहाँ तक पहुँचने की दौड़ (कहानी-संग्रह)

पहला संस्करण : 1991
दूसरा संस्करण : 2011
पहली आवृत्ति : 2024

मूल्य : ₹495

प्रकाशक
राधाकृष्ण प्रकाशन प्राइवेट लिमिटेड
जी-17, जगतपुरी, दिल्ली-110 051

शाखाएँ : अशोक राजपथ, साइंस कॉलेज के सामने, पटना-800 006
पहली मंज़िल, दरबारी बिल्डिंग, महात्मा गांधी मार्ग, प्रयागराज-211 001
1, अनमोल सोराबजी संतुक लेन, धोबी तलाव, मरीन लाइंस, मुम्बई-400 002
वेबसाइट : www.radhakrishnaprakashan.com
ई-मेल : info@radhakrishnaprakashan.com

मुद्रक
राजकमल प्रेस
नई दिल्ली-110 002

VAHAN TAK PAHUNCHANE KI DOUR
Short Stories by Rajendra Yadav

गिरीश अस्थाना
और
शैलेश मटियानी के लिए

अनुभव की आत्मकथाएँ

ये कहानियाँ 75 से 90 के दौरान लिखी गई हैं। जाहिर है कि इधर बीसेक वर्षों से विचार-लेखन ही अधिक होता रहा—निबन्ध, समीक्षा और दूसरे लेख। अब हर महीने 'हंस' के सम्पादकीय के बहाने साहित्यिक-सामाजिक समस्याओं पर सोचना।

कहानियाँ या आख्यान के रूप में कुछ भी लिखना लगातार मुश्किल होता गया है—शायद, हम एक रचना-विरोधी माहौल से गुजर रहे हैं, जिसकी जड़ें बाहर भी हैं, और भीतर भी। इसलिए इस अवरोध के कारण व्यक्तिगत भी हो सकते हैं और परिवेशगत भी। अनुभव और विजन से छूटते जाने की लड़ाई को विचार और विश्लेषण से लड़ना ज्यादा प्रभावी लगता है। 'ढोल' और 'सिंहवाहिनी' जैसी कहानियाँ सीधे विचार की टकराहट की कहानियाँ थीं—व्यक्तिगत परिवेश की सीमाओं को लगभग अस्वीकार करते हुए ही उन्हें लिखा गया था। इन कहानियों में वापस उससे जुड़ने की कोशिश है। मुझे तो ये निरन्तर पराजय की आत्मस्वीकृतियाँ भी लगती हैं। एक ऐसा व्यक्ति जो अपने निर्णयहीन चुनावों के लिए खुद अपने को उत्तरदायी मानता हो या सुविधाओं और उपलब्धियों को ही आशा और आस्था के रूप में परिभाषित करने के तर्क तलाश करता रहता हो, वह गहरे सर्वग्रासी अपराध-बोध में जीने को अभिशप्त है—क्योंकि किसी ईश्वर की पूँछ पकड़कर इस आग के दरिया को पार कर जाने की तात्त्विक चालाकी भी उसे सुलभ नहीं है। आदमी भीतर से बाहर और बाहर से भीतर आते-जाते हुए ही रचनाकार और कल्पनाशील होता है। इसे रचना और परिवेश का द्वन्द्वात्मक सम्बन्ध भी कह

सकते हैं। और जब यह सिलसिला टूट जाता है तो रचनाकार को बचाना मुश्किल होता है। अपने आपका सामना करने की पहले सुविधा नहीं होती, फिर साहस और अन्त में जरूरत ही खत्म हो जाती है।

इन सारी स्थितियों से लड़ने के दौरान ही ये कहानियाँ लिखी गई हैं। चाहें तो इन्हें पन्द्रह-सोलह वर्षों के बीच की आत्मकथाएँ भी कह लें...।

—राजेन्द्र यादव

अनुक्रम

हक़ीर कहो, फ़क़ीर कहो...

[अपनी साठवीं वर्षगाँठ पर मित्रों के बीच आगरे में दिया गया वक्तव्य]

दोस्तो,

आख़िर यह दुर्घटना मेरे साथ हो ही गई। सुखद संयोग आप हमेशा अपने लिए चुनते हैं—शायद लॉटरी मेरे ही नाम निकल आए। दुर्घटनाएँ हमेशा दूसरों के साथ घटित होती हैं। क्या दिल्ली में लाखों घर छोड़कर बम सीधे मेरे यहाँ ही गिरेगा? हज़ारों गाड़ियों में क्या टक्कर के लिए मेरी ही गाड़ी 'चुनी' जाएगी? जब दूसरे लोग साठ के हुआ करते थे, उनके आयोजन और समारोह होते थे तो हमें खासी चिढ़ छूटती थी—सारा दृश्य बड़ा हास्यास्पद लगता था। एक उल्लू का पट्ठा गुड्डे की तरह सजा-सजाया मंच पर बैठा आत्ममुग्ध भाव से मुस्करा रहा है। लोग मालाएँ पहना रहे हैं या उसमें उन महानताओं के अनुसन्धान कर रहे हैं जो या तो हैं ही नहीं या मंच से उतरते ही उसकी सबसे बड़ी दुर्बलताएँ हो जाएँगी...उन्हीं पर वे झुंझलाएँगे और खिझलाएँगे...क्या मेरे साथ भी यही होने जा रहा है?

कुछ ख़तरनाक बीमारियों को हम महसूस करते हुए भी टालते हैं—अपने को बहकाए रखते हैं कि नहीं, यह वह बीमारी नहीं, कुछ यों ही-सा है, और अपने आप ठीक हो जाएगा। जहाँ तक हो सके, डॉक्टर का मुँह देखना स्थगित करो, कहीं अपने भीतर धुएँ जैसे फैले डर की वह कमबख़्त तसदीक न कर दे... इस तरह के आयोजन, उम्र के साठ साल पार कर आने की सच्चाई की तसदीक करते हैं—बुढ़ापे पर ठप्पा लगा देते

हैं—अब कहाँ बचकर जाओगे बच्चू...? मगर मैं क्या करूँ, मुझे भीतर से एहसास ही नहीं होता कि मैं 'पकड़' लिया गया हूँ या उम्र के चंगुल में आ गया हूँ। किसी ने अस्सी साल की बुढ़िया से पूछा, ''अम्मा, अब तुम्हारी उम्र हो गई है। बताओ, तुम्हें कैसा लगता है? क्या ऐसा महसूस करती हो कि सब कुछ खत्म हो गया है?'' ईमानदारी से उसने बताया, ''मैं अभी से कैसे बता सकती हूँ? अभी तो मैं कुल अस्सी की हुई हूँ।'' मेरे भीतर अभी कुछ भी तो नहीं मरा...वही हसरतें, वही अरमान, वही कुछ कर गुजरने के बलबले...कितनी क्रूर है यह सद्भावना जो सब कुछ को समाप्त कर देने की मानसिक मजबूरी पैदा करती है...।

पता नहीं क्यों, अपने नगर में इस उत्सवी आयोजन में बैठकर मुझे राजकपूर की फिल्म 'मेरा नाम जोकर' का अन्तिम दृश्य याद आ रहा है, जहाँ सामने सारे अन्तरंग, अपने, आत्मीय और वे सब बैठे हैं जिन्होंने उसकी जिन्दगी को ढाला है। मंच पर खड़े होकर शायद वह सबसे बच्चन के शब्दों में यही कह रहा है, ''हूँ जैसा तुमने कर डाला,'' मगर 'जोकरत्व' के पीछे छिपी है असफलता और हताशाओं की भयंकर ट्रेजडी...मैं अपनी स्थिति उतनी ट्रैजिक तो नहीं पाता, मगर ओढ़े हुए 'व्यक्तित्व' का अहसास तो बना ही है। शायद मैं वह नहीं हूँ जो दिखाई देता हूँ। क्या हूँ, मैं खुद भी नहीं जानता। बस, यही एक भावना शिद्दत से छटपटाती है कि अभी ये सारे जामे-लबादे उतारकर बहुरुपिए की तरह अपनी असलियत को धमाके से प्रकट कर डालूँ...मगर कौन-सी असलियत? इसी सम्भ्रम में सिर्फ ग़ालिब की तरह यही कहने को मन करता है कि ''बनाकर फ़क़ीरों का हम भेस ग़ालिब, तमाशाए-अहले-करम देखते हैं...'' कचोट भी होती है कि जो इस फ़क़ीरी भेस तक ही रह जाते हैं, क्या उन्हें पता है कि भीतर कौन-सा ऐयार बैठा है?

यह बहुरुपिए का विभिन्न रूपों में कैद हो जाना है या अपने आपका अतिक्रमण...?

बाहरी रूप आदमी की आड़ है या विस्तार?

हममें से अधिकांश अपने क़ीमती काग़ज़ों की मूल प्रति कहीं तिजोरियों-लॉकरों या अलमारियों में बन्द रखते हैं और अपने साथ लिये फिरते हैं प्रतिलिपियाँ। कल को नष्ट हो जाएँ या खो जाएँ तो मूल प्रति

बची रहे। क्या सारे बहुरूपिए अपने 'मूल चेहरे' को कहीं सुरक्षित जगहों पर छोड़ आते हैं, और सिर्फ़ मुखौटों के सहारे ही ज़िन्दगी काट देते हैं? एक विशेष मेकअप में रहनेवाली सुन्दरी जब लोगों को अपने रूप पर मुग्ध होते देखती है तो कहीं यह आशंका भी उसको लगातार कचोटती ही होगी कि किन्हीं आत्मीय क्षणों में इनमें से किसी ने 'असली रूप' को देख लिया तो? क्या गुज़रेगी उस पर...? और वह आत्मीय क्षण हमेशा स्थगित होता रहता है, अभिनन्दन और प्रशंसाएँ बटोरता 'मेकअप' ही हम सबके लिए असली व्यक्ति बन जाता है।

बहरहाल जो भी कुछ मैं हूँ, वह प्रतिलिपि हो, मेकअप हो, मुखौटा हो या सचमुच अपना विस्तार हो...आप सबका दिया हुआ है। मैं अपनी आन्तरिक ईमानदारी से स्वीकार करता हूँ कि जो कुछ मेरे भीतर अच्छा, प्यारा या जीवन्त है; वह सब कुछ मित्रों, आत्मीयों और मेरे अन्तरंगों ने दिया है, और जो कुछ ग़लत, ख़राब या अरुचिकर है—वह सब मेरी अपनी कमाई है। चाहें तो इसे आत्मस्वीकृति कह लें कि मैं तहेदिल से आप सभी का बहुत कृतज्ञ हूँ और यह कृतज्ञता ही मेरा बल है। लोग शिकायतें करते हैं कि ज़िन्दगी में उन्हें कटुता, विश्वासघात, अपमान और ग़लतफ़हमियाँ ही मिली हैं। लोगों ने उनके साथ न्याय नहीं किया। यह बात नहीं कि यह सब मेरे साथ नहीं हुआ—मगर मित्रों ने जितना सम्मान, प्यार और अपनापन दिया है—वही सब बार-बार उफन-उफनकर आता है। हम जो कुछ भी दूसरों को देते हैं, या तो अपने आपको उससे वंचित करके देते हैं या किसी और का हिस्सा देते हैं। कभी-कभी सचमुच यह सोचकर अभिभूत हो उठता हूँ कि अपने को कितना स्थगित और वंचित करके मित्रों ने मेरे अस्तित्व और व्यक्तित्व को अपना ख़ून दिया है! इस तरह हमेशा दूसरों से यों लेते रहना भीतर कहीं अपराध-बोध भी पैदा करता है। मैं तो शायद बदले में एक प्रतिशत भी नहीं दे पाता। अगर आप सब लोगों के हाथों का सहारा न होता तो मैं भी शायद ज़िन्दगी के न जाने किन गुमनाम अन्धे कुओं में ही शेष हो गया होता।

मेरी सारी ज़िन्दगी इन अन्धे कुओं से बाहर आने की प्रक्रिया रही है। अगर कोई मुझसे पूछे कि क्या मेरी ज़िन्दगी का कोई एक सूत्र रहा है, तो शायद मेरा ध्यान इसी प्रक्रिया की तरफ़ जाएगा। अपने शरीर,

भूगोल, मन और बुद्धि की सीमाओं के पार जाने की कोशिश...उन्हें अतिक्रमित कर सकने का प्रयास...जो कुछ मुझे दिया गया है या मिला है, उससे ऊपर उठने के उपक्रम को ही आप मेरा विकास भी कह सकते हैं। वह मैंने अनुभवों के माध्यम से किया है, सम्बन्धों के माध्यम से किया है और शायद किया है स्वाध्याय के माध्यम से...अगर मैं अपनी जीवनी लिखने बैठूँ तो निश्चय ही वह भी इन्हीं अतिक्रमण-प्रयासों की सफल-असफल गाथा होगी। स्मृतियों में रहना, स्वप्नों में जीना मुझे बेहद प्रिय है—वह न होता तो लेखक बन सकना भी सम्भव नहीं था। मगर न कभी अतीत मेरे लिए इतना बड़ा बोझ बना कि चलना मुश्किल हो, न भविष्य इतना हावी रहा कि हर सम्बन्ध और व्यक्ति को सीढ़ी बनाकर उस भविष्य तक उठ जाऊँ...अतीत और भविष्य दोनों मेरे सन्दर्भ रहे हैं, वर्तमान को पीसनेवाले चक्की के पाट नहीं। एक मेरे घर के पीछे का किचिन-गार्डन है तो दूसरा सामने का लॉन, जिसके पार सड़कों और मैदानों का खुला विस्तार है। यही कारण है कि मुझे भविष्य से, आनेवाली असुरक्षा से कभी रत्ती भर भय नहीं लगा। मैंने कभी नहीं सोचा कि आगे क्या होगा। मेरे पास न कभी बैंक-बैलेंस रहा, न बीमा, न भविष्य-निधि, न पेंशन। इस बारे में कभी चिन्ता भी नहीं रही। भरोसा रहा तो मित्रों पर और कहीं-न-कहीं से कुछ हो जाएगा का विश्वास। और इसी बूते पर हर उम्र में ज़िन्दगी का जुआ खेलता रहा...नवीनतम जुआ चार वर्ष पहले 'हंस' निकालने का था...हाँ, साथियों को देखकर इधर कुछ डर लगने लगा है। आगे उम्र के जिस दौर में प्रवेश कर रहा हूँ, वहाँ कुछ भी हो सकता है। अपने डेढ़-दो हज़ार के बैंक-बैलेंस से कैसे उसका सामना करूँगा? कहीं कुछ गहरे विश्वास चटखने लगे हैं और कोशिश में हूँ कि इतना तो कुछ कर ही लूँ कि बढ़ती महँगाई के बावजूद साल-दो साल निकाले जा सकें...भावनात्मक स्तर पर परोपजीवी हर कलाकार होता है लेकिन शारीरिक रूप से परोपजीवी होना अब डराता है...पहले यह चुनौती थी। मेरी ज़िन्दगी भौतिक और आर्थिक रूप से निरन्तर घाटे और मानसिक-भावनात्मक रूप से समृद्ध होते जाने का इतिहास रही है। लोगों को विश्वास नहीं होता कि अमूर्त सन्तोषों और निराकार उपलब्धियों के लिए मैं मूर्त और ठोस चीजों को

यों छोड़ता चला गया हूँ। दूसरा मुझसे अगर ऐसा कुछ कहता तो शायद मैं भी यकीन नहीं करता—मगर औरों के अविश्वास और अपने विश्वास की द्वन्द्वात्मकता में मैंने साठ साल निकाल ही दिए...अब तो यह सुनकर असफलता-बोध भी नहीं होता कि "ऐसा हो ही नहीं सकता कि आपने अब तक कुछ बनाया ही न हो... ।"

अपने को न मैं बहुत कंजूस मानता हूँ, न शाहखर्च...फिजूलखर्च तो बिलकुल भी नहीं। खाने की थोड़ी भी चीज फेंकना या बेकार करना बहुत बड़ा अपराध लगता है और बाजार में दो-चार रुपए के कोल्ड ड्रिंक या होटल में बीस-बीस रुपए देना बहुत-बहुत अखरता है, फिर यह चाहे अपनी जेब से हो या दूसरे की...यात्राएँ करने का मुझे शौक हमेशा रहा है, मगर अपने पैसे से सेकंड या पहले थर्ड-क्लास में होती थीं, अब ए.सी. या विमान में—संस्थाओं की ओर से। सक्रिय ज़िन्दगी की चालीस-पैंतालीस साल बसों, ट्रामों, रिक्शों में निकालने के बाद कार रखना मुझे अपना शौक या रोब नहीं, ज़रूरत और मजबूरी भी लगती है—खासतौर पर दिल्ली जैसी जगह में जहाँ दूरियाँ लम्बी और स्कूटर मनमौजी हों...हाँ, पहले उस प्रक्रिया में कहानियाँ या विचार मिलते थे, अब सिर्फ दूरियाँ तय होती हैं।

अपने को सीमित खर्चों में ही समेटकर रखने के पीछे भी एक विश्वास और एक भय है, शायद लिखने के प्रारम्भिक दिनों में ही मन में यह बात घर कर गई थी कि लेखक को स्वतंत्र होना चाहिए—कोई भी समझौता उसे ईमानदार नहीं रहने देता। इसके लिए ज़रूरी है कि लेखक आत्मनिर्भर हो—लेखन से अलग ऐसी महत्त्वाकांक्षाएँ न पाली जाएँ जो या तो लेखन के साथ सौदा करने के लिए मजबूर करें या फिर चालाकी और झूठ की ज़िन्दगी में धकेल दें...इस लेखकीय स्वाधीनता के लिए बहुत-कुछ छोड़ना होगा। अपने आस-पास लेखकों के किस्से सुनता था, कथनी और करनी के अन्तर देखता था और अपने आपसे डर जाता था। मेरे साथ तो टूट जाने, समझौते करने के बहुत कारण थे, कैसे बनाए रखूँगा मैं इस लेखकीय स्वाधीनता की गरिमा को? और इसी द्वन्द्व में भीतर अपने आप निर्णय होने लगे। लेखन के साथ मेरा रिश्ता निहायत व्यक्तिगत और आत्मीय है और वह वहीं तक रहेगा। हर क्षण यह

दिखाते रहना कि आप लेखक हैं, बाकी लोगों के साथ व्यवहार में एक तनाव और दूरी बनाए रखेगा। हर सम्बन्ध में आप एक विशेष व्यवहार की अपेक्षा करेंगे और जगह-बेजगह लेखक होने को भुनाएँगे...लेखक के प्रति विशेष सम्मान, लिहाज़, या सावधान दया, कहीं भी व्यवहार को स्वाभाविक नहीं रहने देगी। आप लेखक हैं और रहेंगे, मगर हमेशा ऐसा दिखाई देते रहना क्यों ज़रूरी हो? लेखक आप सिर्फ़ अपनी मेज पर या अकेले कमरे में होंगे—बाकी समय एक साधारण आदमी है—लोगों में घुलता-मिलता, हँसता-बोलता... इसी लेखकीय द्वन्द्व में मैंने सन् 50 से पहले एक कहानी लिखी थी 'देवताओं की मूर्तियाँ।' इसी नाम से संग्रह भी आया। कहानी इस धारणा के खिलाफ थी कि लेखक अपने आपको देवता की मूर्ति की तरह 'बाकी सबसे अलग और महान' बनाकर प्रस्तुत करे...अपने व्यक्तित्व के साथ मेरा सारा संघर्ष यही बना रहा कि सामाजिक-पारिवारिक रूप से मुझे एक सामान्य और साधारण व्यक्ति होना है, लेखन मेरा निजी मामला है। अन्तरंग कक्षों और नेपथ्य में चलनेवाला व्यक्तिगत कार्य-व्यापार...आज जब अक्सर लोग कहते हैं कि मैं अपने व्यवहार या बातचीत में कहीं भी लेखक नहीं लगता तो अपने प्रयास की सफलता पर सन्तोष होता है। मगर हमेशा ही यह स्थिति इतनी आसान नहीं थी। बाहरी प्रभावों और दबावों से कहीं अपने भीतर के बहुमूल्य को सुरक्षित रखने का गर्व, एक अजीब बहुरुपियापन देता है। लगता है, आप वह नहीं हैं जो दिखाई दे रहे हैं। आप वेश बदलकर लोगों में घुलते-मिलते एक जासूस हैं। 'मैं कैसी आसानी से लोगों को बेवकूफ बना रहा हूँ कि वे मुझे अपने में से ही एक समझ रहे हैं'—यह एहसास भीतर से एक अजीब रोमांच और पुलक से भरे रखता है...और सहसा ही आप किसी विचित्र नाटक के पात्र, सूत्रधार और दर्शक में बदल जाते हैं। लेकिन यहीं सबसे बड़ा अन्तर्विरोध है। सफलतापूर्वक लोगों की निगाहों से अपने आपको छुपाए और बचाए रखने का सुख और भीतर से उठती कसमसाहट कि 'क्या अब असलियत प्रकट कर दी जाए?' ट्रेजडी और द्वन्द्व यहीं है...सामान्य होने और दीखने की आकांक्षा और सिर्फ़ सामान्य के धरातल पर लिये जाने का प्रतिरोध—जैसे एक राजा भिखारी के वेश में लोगों को धोखा भी दिए रखना चाहे और जब लोग

उसके साथ सिर्फ़ भिखारी की तरह व्यवहार करें तो उन्हें जताना भी चाहे कि वह क्या है। मगर मैं राजा कहाँ, सिर्फ़ राजेन्द्र हूँ।

है न नाटकीय स्थिति! इसी पर मैंने अनेक कहानियाँ लिखीं और बाद में टॉमस मान की अद्‌भुत कहानी पढ़ी ''टोनियो क्रोगर'। आदमी और लेखक होने का तनाव और इस यातना से गुजरता द्रष्टा। कोई पूछता है कि ''क्या समय आ गया है कि सब कुछ उद्‌घाटित कर दिया जाए?'' सब कुछ स्वीकार या कनफेस करने का यह भीतरी दबाव जब अक्सर एक सवाल के रूप में सिर उठाता है कि ''क्या कनफेस करना है? अपने किए सही या ग़लत में से किसे सार्वजनिक रूप से स्वीकार करना है?''—लेकिन बहुत ईमानदारी से पाता हूँ कि 'किनके साथ कहाँ मैंने ग़लत किया है', की सूची के अलावा मेरे पास कुछ भी स्वीकार करने को नहीं है। मैं स्वीकार करता हूँ कि अपने भीतर चलते इस द्वन्द्व संघर्ष और नाटकीयताओं ने ही मुझे इतना बाँधे रखा है कि मैं अपने लिए स्वयं अपना केन्द्र बना रहा हूँ। इस आत्म-केन्द्रिता ने न मुझे अच्छा पति रहने दिया, न पिता, न प्रेमी...सिर्फ मैं दोस्त ही अच्छा हूँ। क्योंकि दोस्ती किस्तों में निभाई जानेवाली जिम्मेदारी है—चौबीस घंटों या पूरी ज़िन्दगी की नहीं। पूरी जिन्दगी तो मैंने कहीं और दे रखी है। वहाँ पता नहीं उसका कुछ बना है या नहीं।

जो मेरे बहुत निकट हैं, वे मुझे बहुत बन्द व्यक्ति समझते हैं—अधिकांश की राय है कि मैं बहुत ही खुला और उन्मुक्त हूँ। मैं सिर्फ इतना जानता हूँ कि मैं मुग़ालतों में नहीं रहता। हमेशा बहुत क़ीमती और बहुमूल्य को छिपाने के लिए ही आप चौकन्ने नहीं होते, अपनी दरिद्रता और दयनीयता को लेकर भी आप चौकस होते हैं...।

हो सकता है, मेरा सारा लेखन और सारी ज़िन्दगी एक मीडियाकार की जीवनी ही बनकर रह गई हो, मगर मेरे माध्यम से कुछ महान और विशिष्ट हो रहा है—इस मुग़ालते के बिना एक क्लर्क तक नहीं जी सकता तो मैं फिर भी लेखक हूँ...हालाँकि यह भी जानता हूँ कि मुझ जैसे लेखक हर भाषा में दर्जनों भरे पड़े हैं...इस अन्धविश्वास के मारे कि पता नहीं इतिहास कब कहाँ से उठाकर कहाँ रख दे।

मगर इतिहास जिन रास्तों से उठाकर आज किसी को शीर्ष पर

रखता है, उनमें से अधिकांश को मैंने खुद ही तो बन्द कर रखा है। लेखन बेहद नाजुक, स्वतंत्र और पवित्र फूल की तरह है और उसे हर प्रदूषण या गर्म हवा से बचाकर रखना है, इस कुंठा ने मुझे कहाँ कुछ भी करने दिया? मैं खुशामदें और नौकरियाँ कर सकता था, सम्मान और पुरस्कार ले सकता था, समझौते और सौदे कर सकता था। कुछ हिस्से को किराए पर किए जानेवाले काम की तरह करके मकान, फ्लैट और दुनिया भर की चीजें जमा कर सकता था—आख़िर मेरे पास डिग्रियाँ भी थीं और सम्पर्क भी, सूझ-बूझ भी थी और कुछ उपलब्धियों का सम्मान भी। ऐसा तो नहीं है कि मुझे कुछ चाहिए नहीं था। आख़िर साथियों और सहयोगियों ने किया ही है—सत्ता के आसपास घूमकर, लेखकीय प्रतिष्ठा को भूलकर या भुलाकर! मगर अपनी इस कुंठा का क्या करूँ, जो हर बार हाथ पकड़ लेती है कि जो पूरे सम्मान से और अपनी शर्तों पर मिलेगा, वही लेना है, झूठ, धोखे, खुशामद और तिकड़म से सारी जुगाड़ करना और फिर मंच पर लेखकीय गौरव का गुणगान करना मुझे ऐसा फरेब लगता है जिसके ख़िलाफ़ मैं ही क्या, हर लेखक लड़ता रहा है। रग-रग में फैले कैंसर की तरह यही हेकड़ी लेखन और जबान में फूट पड़ती है कि हर समझौता, लेखन की धार को कुंठित करता है। जब आपको कुछ चाहिए ही नहीं, तो फिर खुलकर वही क्यों न किया या लिखा जाए जो आप महसूस करते हैं। आख़िर हम नहीं कहेंगे तो कौन कहेगा—पता नहीं जब सचमुच इम्तहान का मौका आएगा तो यह हेकड़ी कितनी रहेगी, मगर इमरजेंसी के आतंक से लेकर हर प्रलोभन को इसने बर्दाश्त किया है, इसका गवाह सिर्फ मैं हूँ। शायद मन्नू भी। और मैं इस बात का भी गवाह हूँ कि इस सबको न मैंने त्याग, बलिदान, उत्सर्ग का नाम देकर महिमान्वित किया, न माथे पर मोर-मुकुट की तरह सजाकर क़ीमत वसूली...हाँ, अपने चुनाव का परिणाम कहकर अपने लिए सन्तोष जरूर निचोड़ता रहा...।

चुनाव के साथ-साथ अकसर जिन दूसरी बातों पर बार-बार सोचने को मन करता है, वह है लेखकीय मर्यादा, साधना, मुआवज़ा। सचमुच इन शब्दों का कुछ मूल्य भी है या परम्परा और संस्कार से मिले ये ऐसे कुछ शब्द हैं जिन्हें हम ढो रहे हैं? हमारे अस्तित्व की शर्त है शब्द और आज

शब्द अवमूल्यन की जिन तलहटियों में जाकर खो गया है—वहाँ से निकालने की सामर्थ्य और निष्ठा किसमें है? लेखन और उससे जुड़े इन महिमामय शब्दजाल से चिपके रहना कहीं सिर्फ़ एक अन्धविश्वास ही तो नहीं? वह सचमुच कितनी भयानक मानसिक प्रलय का क्षण होगा जब इस सबसे विश्वास अन्तिम रूप से टूट जाएगा! आख़िर यह शंका तो होती ही है कि जब पुस्तक या शब्द-मात्र अपने अस्तित्व की हारी हुई लड़ाई लड़ रहे हैं तो उनसे चिपके आप कहाँ हैं, क्या कुछ बदला है आपने इन चालीस-पैंतालीस वर्षों में? उपलब्धियों के कौन से सूत्र और कौन से कीर्ति-शिखर छोड़ जाएँगे आप? 'देवताओं की मूर्तियाँ' से लेकर 'वहाँ तक पहुँचने की दौड़' कहीं अपनी ही पूँछ पकड़कर चकरघिन्नी खाते कुत्ते का उन्माद भर तो नहीं है? परिवार, प्रियजनों, आत्मीयों को झूठे देवता की बलि चढ़ाकर खुद एक व्यर्थता-बोध में जीते चले जाना, जिन्दगी को कौन-सा अर्थ देता है? आज जो प्रतिष्ठा या यश है, वह इसीलिए नहीं कि मैंने बहुत-कुछ किया है, बल्कि सिर्फ इसलिए है कि मैं मृत्यु को इतने दिन चरका देते रहने में सफल हो गया हूँ। हमारे यहाँ सम्मान या तो मृत्यु को मिलता है या उम्र को। या फिर उस पद को जहाँ से आप किसी का नुकसान कर सकें। जो न किसी को लाभ पहुँचाने की हैसियत में हो, न नुकसान, उसे तो संघर्ष की लम्बी राह से गुजरना पड़ता है। समय को ही अन्तिम निर्णायक मानने का सन्तोष जीते हुए...तब क्या 'पद' ही है आपकी प्रतिष्ठा का मूल्यांकन?

और क्या यह सारी ज़िन्दगी यों ही व्यर्थ गई? यह मेरी व्यक्तिगत अर्थहीनता है या एक विशेष समय में होने की नियति जहाँ कुछ भी सार्थक नहीं रह गया है? मुझे अक्सर चेखव के नाटक 'तीन बहनें' की याद आती है। इस व्यर्थता-बोध की मारी इरानी अवसाद के क्षणों में कहती है, "काश, जो कुछ हमने जिया है, वह सिर्फ ज़िन्दगी का एक ड्राफ्ट होता और इसे फेयर करने का एक अवसर हमें और मिलता!" सुनते हैं, इस पर एक जर्मन या फ्रेंच नाटककार ने एक नाटक लिखा है। इसी वाक्य से प्रेरित एक साहब इस रफ-ड्राफ्ट को फेयर करने बैठे हैं और ज़िन्दगी की एक-एक निर्णायक घटना को उठाकर जाँच-परख रहे हैं कि अगर फिर से वह क्षण आए तो वे क्या करेंगे? हर घटना को

सामने रखते हैं, उसका विश्लेषण करते हैं और हर बार अपने आपसे पूछते हैं कि अगर मैं उस समय यह न करता तो आख़िर क्या करता? उस स्थिति में दूसरा क्या निर्णय लिया जा सकता था? मित्रों, प्रेमिका या जीवन के एक विशेष ढर्रे से लेकर हर जगह वे पाते हैं कि उस समय जो निर्णय उन्होंने लिये हैं; सिर्फ वही लिये जा सकते थे। जो कुछ उन्होंने किया, उसके सिवा और कुछ कर नहीं सकते थे। रफ हो या फेयर, उनकी जिन्दगी वही होती, जो है...।

व्यर्थ हो या सार्थक, मैं भी वही हो सकता था जो हूँ...जो कुछ मुझे मिला था, अपने भरसक मैंने उसका सर्वश्रेष्ठ उपयोग ही किया है, न शायद इससे ज्यादा सामर्थ्य थी, न प्रतिभा...एक भ्रम और आशा आज भी पाले हुए हूँ कि कभी अपने मन की अनुकूल स्थितियाँ हुईं तो शायद वह कुछ कर सकूँ जो करना चाहता हूँ—अब तक के अपने किए से अलग और श्रेष्ठ...शायद अद्‌भुत! अभी मैंने कुछ भी किया ही कहाँ है? अभी असली व्यक्ति कहाँ आया है...अभी तो उसकी प्रतिलिपि भर ही आपके सामने है...।

बहरहाल, जो भी कुछ है, वह यही है...अव्यवस्थित, विशृंखलित... "मेरे वरण वरण विशृंखल; मेरे चरण चरण भरमाए..."

अपने बुजुर्ग कवि नजीर अकबराबादी के शब्दों में कुछ जोड़कर कहूँ तो "हक़ीर कहो, फ़क़ीर कहो...आगरे का हूँ...।"

31.10.89

हनीमून

हम दोनों उनसे आशीर्वाद लेने गए थे। सोनी का बहुत आग्रह था। वे सोनी की प्रिंसिपल ही नहीं, बड़ी बहन और माँ जैसी रही थीं। ऑफिस के बाहर ही नेम-प्लेट लगी थी—डॉ. (कुमारी) माधुरी अरोड़ा...सोनी ने खट-खट किया और झिझकते हुए दरवाजा खोला। मेरी तरफ देखकर मुस्कराई। बहुत धीमे से अन्दर आने को पूछा। वे सामने ही बैठी थीं—पढ़ने का चश्मा लगाए गौर से कोई काग़ज़ देख रही थीं। सिर उठाकर सोनी की तरफ देखा—अँधेरे से उजाले में आ जानेवाले व्यक्ति की तरह सामनेवाले को पहचानने की कोशिश की। मैं पीछे था। इसलिए हाथ पर लदी मालाएँ उन्होंने नहीं देखीं। सोनी को पहचान लिया था और उसकी माँग का सिन्दूर देखते ही खिल पड़ीं, "अरे सोनी, आओ, आओ...बहुत मुबारक हो शादी, कब कर डाली?"

खिलकर झेंपती हुई सोनी अन्दर गई और झुककर चरण छुए—बोली, "अभी-अभी सीधे ही रजिस्ट्रार के यहाँ से चले आ रहे हैं...।"

मैंने भी बहुत आदर से झुककर प्रणाम किया, "मगर ज़िद किए थी। कहती है, सबसे पहले डॉ. अरोड़ा के ही यहाँ चलेंगे...वही मेरी माँ हैं...।"

दोनों हाथों में चश्मे की कमानियाँ पकड़कर सामने किए हुए डॉ. अरोड़ा का चेहरा उल्लास और भावावेश से पिघलने लगा था। आँखें भीग गईं, "चलो, बहुत ही अच्छा किया...मेरी तो बहुत प्यारी बिटिया है यह। अच्छा, पहले तुम्हें मिठाई खिलाएँ...बैठो, बैठो...।" हम दोनों सामने

बैठ गए। उन्होंने घंटी बजाकर चपरासी को बुलाया। पर्स से पचास का नोट निकालकर दिया, ‘‘फटाफट बढ़िया मिठाई और चाय लाओ। देखो, अपनी सोनी शादी करके आई है।’’

चपरासी ने भी परिचय से मुस्कराकर नमस्कार किया।

पचासेक वर्ष की गरिमामयी मूर्ति। निश्चय ही अपनी उम्र में खासी सुन्दर रही होगी। उनकी निश्छल खुशी कहीं मुझे भी छूने लगी। ‘कहाँ बेकार की जगह ले जा रही है यह सोनी’ का भाव ‘अच्छा हुआ, हम लोग यहाँ आ गए’ ने ले लिया था। थोड़ी देर तो लगा जैसे मिस अरोड़ा कहीं खो गई हैं और उनके पास बात करने को कुछ नहीं है। शायद वे अपने भावोद्वेग पर काबू पा रही थीं। मेरे बारे में सोनी उन्हें पहले ही बता चुकी थी, सलाह भी ली थी। वे चश्मे की कमानियों को यों ही खोलती, बन्द करती रहीं। फिर मुस्कराकर सोनी से पूछा, ‘‘तुम्हारे पापा-मम्मी की प्रतिक्रिया अब क्या होगी? वहाँ जाओगी...।’’

‘‘एकदम तो नहीं...हिम्मत नहीं पड़ रही। गुस्सा कुछ ठंडा हो जाए तो सोचेंगे...।’’ सोनी बोली, फिर वे देर तक न जाने क्या-क्या बातें करती रहीं। मैं प्रसन्न और विनम्र दर्शक की तरह सुनता रहा। शायद उन्होंने कहा था, ‘‘अरे, ये गुस्सा-वुस्सा कोई रहनेवाला थोड़े ही है। कुछ दिनों में सब ठीक हो जाएगा। कहीं मांस से नाखून अलग हुए हैं...लेकिन वाकई बड़ी हिम्मत कर डाली सोनी, तुमने...वह तो करनी ही थी—आख़िर अब कौन इन बातों की परवाह करता है? पच्चीस-तीस साल पहले ज़रूर...।’’ फिर अचानक एक बार मेरी ओर देखा। ‘‘अच्छा, अब क्या करोगी सोनी?...मेरा मतलब तुम दोनों...।’’

‘‘कुछ नहीं। अपनी-अपनी नौकरी।’’ सोनी की आवाज़ में उत्साह नहीं था।

‘‘और हनीमून?’’ उन्होंने अधिकार से पूछा।

‘‘छुट्टी ही नहीं है। न इन्हें, न मुझे...।’’ सोनी ने बुझने का लाचार भाव दिखाया।

‘‘अरे छुट्टी क्या होती है!’’ वे नाराज हो गईं, ‘‘शादी क्या रोज-रोज होती है? तुम लोग अपने-अपने बॉसों से बोलो न...मेरा खयाल है, कोई भी इतना इनह्यूमन नहीं होगा...नहीं, हनीमून पर तो

तुम्हें जरूर ही जाना चाहिए। वाह, कोई बात हुई? नौकरी तो ज़िन्दगी भर करनी ही है।'' चश्मे की दोनों कमानियाँ–एक मुट्ठी में पकड़े बाकायदा धमका रही थीं।

''अच्छा, कहाँ जाएँ?'' मैं मुस्कराया, ''कुल्लू, मनाली, नैनीताल, काश्मीर...।''

''कहीं मत जाओ तुम लोग, बस, चहल चले जाओ,'' वे धीरे-धीरे सोचती-सी बोलीं, ''सच कहती हूँ सोनी, इतनी खूबसूरत जगह है, इतनी खूबसूरत जगह है कि काश्मीर-वाश्मीर उसके सामने कुछ भी नहीं है। मैं समझती हूँ कि हनीमून के लिए तो सिर्फ एक जगह है, और वह है चहल। शिमला से पहले ही नाहन होकर रास्ता है, और वहाँ कॉटेजें बनी हैं। अरे, वहाँ तो अलग से खास हनीमून कॉटेजें भी हैं। इतने अच्छे ढंग से सजाई हैं कि मैं तुम्हें क्या बताऊँ...रीयली टेस्टफुल...सामने खुलती हुई घाटियाँ दूर-दूर तक फैलती चली गई हैं, क्षितिज तक फैलती चली गई हैं... तरह-तरह के फूल, हरियाली, नदियों और झरने की रेखाएँ...बिलकुल ऐसा लगता है जैसे रुपहली जरीवाली हरी साड़ी किसी ने उतारकर लापरवाही से फेंक दी हो...पहाड़ों की तुम जानो, अपनी ही खूबसूरती होती है...कॉटेजें तो सचमुच इतनी आरामदेह हैं कि आने को तुम्हारा मन ही नहीं करेगा...एकदम प्राइवेसी...राजा-महाराजाओं जैसे, गुदगुदे गद्देदार पलंग, फानूस, फर्नीचर...क्या तुम्हारे ये फाइव-स्टार होटलवाले देंगे...।'' डॉ. अरोड़ा के सामने जैसे चहल की फिल्म चल रही थी, ''वैसे तो किचन-विचन का भी इन्तजाम है, लेकिन तुम्हें होश कहाँ होगा! बैरे से जो मन हो, सो सामान मँगवाकर बनवाना...शाम को कुर्सियाँ डालकर बाहर बैठोगे, धूप उतर रही होगी तो ऐसा लगेगा कि बस, स्वर्ग यही है...भाप निकलती गर्म-गर्म चाय। तुम्हारा मन ही नहीं होगा वहाँ से उठने का...सुबह झीनी-झीनी गुलाबी नाइटी में उठकर जब तुम परदे हटाओगे तो धूप इस तरह सारा बदन सहलाएगी...सुबह...शाम फूलों की ऐसी प्यारी खुशबू कि बस...तुम कहोगी ज़िन्दगी भर हम यहीं बने रहें...ऐसे माहौल में एक-दूसरे को जैसे अच्छे ढंग से समझ सकते हैं, वह यहाँ की झक-झक में बरसों नहीं हो पाएगा...वैसा सुकून यहाँ कहाँ...! तुम कहोगी, मैं कैसी बातें कर रही हूँ लेकिन अब तो तुम्हें सुनने का हक़ है,

न कपड़ों का होश रहेगा, न एक दूसरे को बाँहों से छोड़ने का...तुम तो वैसे भी नाजुक हो, सारे शरीर में दाग ही पड़ जाएँगे... ।''

मैं मुग्ध-सा उन्हें देखता रहा। आँखें बन्द थीं और ऐसा लगता था जैसे पलकें भीगने लगी हैं। हम दोनों ने एक-दूसरे की तरफ देखा और हलके से मुस्कराए, ''क्या आहिस्ता से उठकर चलें...?''

17.2.84

भाग गया

ब्रेक और पटरियों की रगड़ के बाद धीरे-धीरे गाड़ी फिर रुक गई। यह खेल बहुत देर से चल रहा था। गाड़ी ढाई घंटे लेट थी। जैसे ही स्टेशन गुजरता, अचानक रफ्तार बढ़नी शुरू होती; आसपास के खेत, पेड़, तेजी से गुज़रने लगते, पहियों के नीचे से पटरियों के चिचियाने की आवाज़ें आतीं और आश्वासन बँधता कि थोड़ी-बहुत कमी तो पूरी हो ही जाएगी, मगर फिर दस-पन्द्रह मिनट बाद ही रफ्तार कम होती और गाड़ी रुक जाती। ये साले चाहते ही नहीं हैं, गाड़ियाँ समय से पहुँचें।

गाड़ी रुकते ही न जाने कहाँ से अमरूदों की टोकरी लिये एक युवक घुस आया था और 'रुपए के चार' की आवाज़ें लगाने लगा था। अमरूद को पहले फुर्ती से चार हिस्सों में काटता और उसी चाकू से मसाला लगाकर दे देता। मेरी बगलवाले आदमी ने दो लिये और गाड़ी के दूसरे हिस्से की ओर बढ़ा दिए। फिर दो अपने लिए कटवाए। सामने पाजामेनुमा पैंट में उकड़ूँ बैठे युवक ने बिना किताब से निगाहें हटाए ही अमरूद माँगा और उसी तरह खाने लगा। जरूर वह प्रेम बाजपेयी के उपन्यास के किसी बहुत ही संकटपूर्ण स्थल पर था और एक भी पंक्ति नहीं छोड़ना चाहता था। उसी मुद्रा में उसने जेब से पच्चीस पैसे का सिक्का निकालकर हवा में बढ़ा दिया और पढ़ता रहा। हर स्टेशन पर कुछ-न-कुछ खानेवाला फैशनेबुल नौजवान हर बार अमरूद को दाँत से काटता और मसाला माँगता।

मेरे सामनेवाली सीट पर बैठी प्रौढ़ा अपने आदमी से फुसफुसाकर

कह रही थी, "उधर भी और पूछ लो। नहीं पूछोगे तो उसे गुस्सा आ जाएगा।" यह दूसरे दर्जे का थ्री टायर स्लीपर डिब्बा था, और हर हिस्सा छोटे-छोटे खानों में बँटा हुआ था। दूसरे खाने के लोगों की अलग दुनिया थी। उधर ही खिड़कियों के सहारेवाली सीट पर तंग पतलूनें पहने दो नवयुवक बैठे थे। एक तो अपनी निकिल की कमानीवाले चौड़े चश्मे के कारण खासा गुंडा लगता था। वह साँवला था, साथवाला गेहुँआ, दोनों की कमीजों के बटन खुले हुए थे। फिल्मों के कारण हर लड़का या तो विनोद खन्ना लगता था या अमिताभ बच्चन। दिलीप-देवानन्द वाले युवक तो अब पचास पार कर चुके होंगे। राजेश खन्ना भी दिखाई नहीं देते। मेरे सामनेवाली प्रौढ़ा, अपने पतिनुमा आदमी को जिस तरह फुसफुसाकर आदेश दे रही थी और वह जैसी ताबेदारी से उधरवाले नवयुवकों की फरमाइश पूरी कर रहा था, उससे मुझे लगा, जैसे एक बेटा है और दूसरा उसका दोस्त। शायद वे लोग कानपुर से इस दोस्त को अपनी लड़की दिखाने ले जा रहे हैं और उसकी हर कही-अनकही इच्छा को परम- आज्ञाकारी भाव से पूरा कर रहे हैं। यह खातिर और ताबेदारी अपने लड़के की नहीं हो सकती। वह भी अपनी महत्ता समझकर हर सेवा वसूल कर रहा है। नीच, साला!

अचानक वे दोनों नौजवान मेरी बगल के आगे-पीछे निकले। या तो बाथरूम जा रहे हैं, या खड़ी ट्रेन से उतरकर नीचे चहल-कदमी करना चाहते हैं। माँ-बाप के लिहाज से इधर-उधर सिगरेट पीने की बात भी हो सकती है। मगर दोनों पहले ही निस्संकोच सिगरेट पीते रहे थे। सामनेवाला बाप बीड़ी पीता था। उधर से माचिस माँगी जाती थी तो बढ़ा देता था। सहसा मेरा ध्यान गया कि साँवले युवक ने (जिसने अब अपने बड़े-बड़े बालों में लाल रूमाल का पट्टा बाँध लिया था) दूसरे यानी बेटे का हाथ कसकर पकड़ लिया था। कोई बात नहीं, दोस्त है—मैंने सोचा। सहसा औरत ने अपने पति को टहोका मारा : 'तुम भी साथ जाओ!' हद हो गई! माना कि ये दोनों बेहद निरीह, दयनीय और गरीब जैसे थे, आदमी की कमर झुकी हुई थी और औरत अपनी निकली हड्डियों के कारण कर्कश लगती थी, मगर उसका यह मतलब तो नहीं था कि बाथरूम तक भी माँ-बाप साथ जाएँ...इस बार मैंने 'राजकुमार'

को ध्यान से देखा। बिखरे बाल, खुले गले में झूलती काली मिर्चों जैसे दानों की माला। पीली कमीज, बढ़ी हुई हजामत और माथे पर पुँछा हुआ सिन्दूर का टीका...लड़का अजीब बुझा और नीम-होश-सा था। नहीं, यह शादी का उम्मीदवार तो नहीं लगता। फिर? जिस तरह की सावधानी से इसकी देखभाल की जा रही है, उससे अचानक लगा, इसे कुछ खिलाकर बलि-वलि देने तो नहीं ले जा रहे हैं! लेकिन ये दोनों पति-पत्नी ऐसे बिलकुल नहीं लगते। पत्नी चौकन्नी थी, पति हारा हुआ पस्त। मुश्किल से चालीस का होगा। पति चला गया तो मैंने धीरे से पूछा, "बीमार है क्या?"

उसने सिर पर पेच की तरह घुमाकर बताया, "डॉक्टरी का इम्तहान पास किया है, पता नहीं क्या हो गया है?" मेरे पासवाला मुझसे अधिक जानता था, उसने बताया, "एम.बी.बी.एस. किया है, कहीं गाँव में पोस्टिंग हुई है, उसी से दिमाग खराब हो गया है...।" मैंने सोचा—जरूर दिल्ली या बम्बई में पोस्टिंग चाहता होगा। अब मेरे सामने सारी बातें साफ हो गईं...सोचा—जरूर ये लोग उसे घर लिये जा रहे हैं। सँभालने के लिए साथवाला दोस्त आया है। खादी के मैले कुर्ते-धोती और जाकेटवाला बाप किसी प्राइमरी स्कूल का टीचर लगता था। बीमारी की खबर पाकर दोनों भागे-भागे आए होंगे। अब वापस जा रहे हैं। वैज्ञानिकों, डॉक्टरों और इंजीनियरों के साथ ही इस तरह के हादसे क्यों होते हैं? कोई आत्महत्या कर रहा है, कोई पागल हो रहा है। फिर भी हैसियत से बढ़कर इन्होंने पढ़ाया होगा। परेशानी स्वाभाविक है।

दोनों लड़के लौट आए थे। दोस्त ने लड़के का हाथ उसी तरह कसकर पकड़ा हुआ था। पीछे-पीछे बाप था। इस बीच चीथड़ों जैसे सलवार-कमीज पहने एक तगड़ी लड़की छपे हुए पर्चे बाँटती आगे निकल गई थी। इन पर्चों में लिखा था, किस तरह यह लड़की बहुत ही मुसीबतजदा है और हर हिन्दू को इसकी मदद करनी चाहिए...साँवली-सी लड़की का चेहरा गदराया और आकर्षक था। पर्चे देते हुए भावहीन ढंग से चली गई थी, लेकिन जब पर्चे वापस लेते हुए पैसों की उम्मीद में रुकती तो न्योतने के से भाव से मुस्कराती। इस तरह माँगने से इसका काम थोड़े ही चलता होगा...ज़रूर चालू चीज है साली। अभी तो दूर है,

जब मेरे पास आएगी तो मैं पैसे नहीं दूँगा। बहुत दिनों पहले ऐसे ही सफर में एक लड़की से मेरे किसी पड़ोसी ने कहा था, ''चुम्मा दे तो एक रुपया देंगे।'' लड़की ने इठलाकर गाल बढ़ा दिया तो पड़ोसी सकपकाकर झेंप गया था। इस बार भी तो किसी-न-किसी ने जरूर इच्छा प्रकट की होगी...।

तभी देखा, मेरे सामने की सीट खाली करा ली गई थी, 'भाई साहब, ये कुछ बीमार है, जरा लेटेगा,' की प्रार्थना के साथ। और बीमार उस पर लेट गया था। और ठीक मेरे सामने था पीला, दुबला चेहरा, सुनहरी भाल, बिखरे बाल...सिर्फ ऊपर पंखों पर टिकी निगाहें। अचानक जैसे भीतर से उमड़ती रुलाई के बीच कातर स्वर में लड़के ने कहा, ''मेरी माँ, मेरे पिता, मेरे छोटे भाई-बहन को कुछ नहीं होना चाहिए...मेरी माँ, तुझे कुछ नहीं होना चाहिए...मेरे पिता...।'' अब उठकर दूर बैठी, उसे एकटक देखती माँ साड़ी से आधा चेहरा ढँके निश्शब्द रो रही थी, लेटे लड़के पर झुका हुआ बाप दर्द, पराजय और निराशा-भरी सूनी निगाहों से उसके सारे शरीर को सहला रहा था, माथे पर हाथ रखा था और कातर होकर सिर्फ 'बेटा...' कह पा रहा था। पैरों की तरफ बैठा दोस्त पालतू जानवर को डाँटने के तटस्थ भाव से डाँट रहा था, ''राजेश...राजेश, किसी को कुछ नहीं होगा...तुम सो जाओ...'' ''मेरे पिता, पानी...'' बाप ने तत्काल मैले-से थैले से ग्लूकोज का गन्दा डिब्बा निकाला। माँ ने पानी बढ़ाया, ग्लूकोज मिलाकर बाँहों में सिर उठाकर होंठों से लगाया। दोस्त तटस्थ-सा देखता सिगरेट पी रहा था। बाप लड़के को ऐसे सावधानी से लिटा रहा था जैसे वह काँच का बना हो...लड़का एक बार फिर फूट पड़ा था, ''मेरी माँ...मेरे पिता...'' यह बन रहा है या सचमुच...? दिमाग़ ख़राब होता तो क्या ऐसी शुद्ध भाषा बोलता...?

अचानक लड़का झटके से उठा, पैर खींचकर ऊपर किए और अपने दोनों पंजों की ओर हाथ बढ़ाते हुए बड़बड़ाकर बोला, ''मेरे मोजे लाओ, जल्दी मेरे मोजे दो, साढ़े तीन बज गए...देर हो रही है...मेरे जूते कहाँ हैं?'' इस बार उसकी आवाज में कड़क थी...बाप एकदम स्तब्ध रह गया था। दोस्त ने झपटकर उसके कन्धे पकड़ लिये और बिगड़े जानवर को डाँटने की तरह कड़ककर बोला, ''राजेश...राजेश...चलो, लेटो उधर...मैं

कहता हूँ चलो...लेटो...।'' थोड़ा-सा प्रतिरोध करके लड़का धीरे से लेट गया और कराहते हुए सुबकने लगा, ''साढ़े तीन हो गए...मुझे जाने दो। ...मेरे भाई, मुझे जाने दो...देर हो रही है...तुम्हीं देख लो, साढ़े तीन बज गए...।'' माँ दूसरी तरफ मुड़कर फफककर रो पड़ी थी और बाप ने उँगली-अँगूठे से दोनों आँखों से बहते आँसू निचोड़ने की कोशिश की थी...'जरूर ही, मुझे जाना है' का वाक्य दोनों को भीतर तक चीर गया होगा...।

बाहर से गूँजती गरज की आवाज पास घुमड़ती आ रही थी और फिर धड़धड़ाती अन्धड़ जैसी राजधानी या कोई लाल धारियोंवाली तेज गाड़ी धूल उड़ाती गुजर गई थी। ''इसी के लिए हमारी ट्रेन रोक रखी थी...।'' कई लोगों ने एक साथ कहा। शोर निकल जाने के बाद अपना आसपास और भी शब्दहीन हो गया था। लड़का शान्त, आँखें बन्द किए लेट गया था, ''मेरे पिता, तुम्हें कुछ नहीं होना चाहिए। मेरी माँ...।'' उसके मुँह से कराहते से शब्द निकल रहे थे।

झटके से मैंने पाया कि सब लोग खिड़की के बाहर झाँक रहे थे, ''वो तो बहुत आगे निकल गया...अब हाथ नहीं आएगा...।'' कोई कह रहा था। मैंने भी देखा, गेहूँ-सरसों के खेतों के हरियाले सागर के दूर-दूर तक फैले विस्तार में बहुत आगे-आगे एक धब्बा-सा पीछे सरकता जा रहा था, उससे काफी पीछे कन्धों तक निकले दो सिर उधर भाग रहे थे, जैसे हरे पानी पर आगे-पीछे तीन औंधे घड़े क्षितिज की ओर सरक रहे हों... ''कौन है?'' जवाब आया, ''सिपाही हैं। अभी लड़का यहीं से तो भगा है, अब तो काफी दूर निकल गया। इनके बाप भी नहीं पकड़ सकते.. .अजी अब क्या आएगा इनके हाथ...!''...''कुछ लेकर भागा है क्या?'' मैंने पूछा। मुझे पिछला वाकया याद आ गया, जब इसी तरह कोई मेरी अटैची लेकर अँधेरे में भाग गया था। पासवाले ने बताया, ''पता नहीं, शायद बिना टिकट हो...।'' धत्तेरे की, यह भी कोई ऐसा अपराध है जिसके लिए दोनों सिपाही मील भर की दौड़ लगा रहे थे। वैसे भी अब भगोड़े और सिपाहियों के बीच फासला इतना बढ़ गया था कि पकड़ सकने का कोई सवाल ही नहीं था। मान लीजिए, भागनेवाला डाकू-कातिल होता तो?...इन सिपाहियों के पास तो बन्दूकें भी नहीं हैं

कि मार गिराते...विदेश होता तो मेरी तरह खिड़की में कोई अफसर बैठा होता और टेलिस्कोप लगी बन्दूक से भगोड़े को देख रहा होता—दूरबीन के काँच के गोले में आड़ी और खड़ी धन की लाइनों में ठीक बीचोबीच भगोड़े को बाँधे उँगलियाँ ट्रिंगर पर सन्नद्ध होतीं...निगाह के घेरे में भगोड़े को कैद किए...पतंग की डोर की तरह लम्बी ढील दिए चला जाता, ढील दिए चला जाता...और फिर धाँय... एक पके फल जैसा सिर टपक पड़ता!

"अभी-अभी भाग गया...अब दोनों वापस आ रहे हैं...जैसे अम्मा को फूँक के आ रहे हों...।" लोग खिड़कियों से ठीक उसी तरह वापस अपनी-अपनी जगह लौट रहे थे, जैसे वे पीछे करने की इस उत्तेजक होड़ में शामिल हों...।

सामनेवाला लड़का अब शान्त सो रहा था। बाप भीतर की जेबें टटोलकर पर्चा वापस माँगती लड़की को पैसे दे रहा था...वह शायद हर भिखारी को कुछ-न-कुछ जरूर देगा...पता नहीं किसकी दुआ...।

और तब गाड़ी धीरे-धीरे खिसकने लगी...हम सभी ने मानो इतनी देर से रुकी साँस छोड़ी...।

23.3.83

सिद्धि

माँ-शक्ति को लगता है कि ये जूतियाँ पहनकर उन्हें सचमुच कुछ हो जाता है। उन्होंने मंत्र-सिद्धि की बात सुनी थी, भीतर से विश्वास नहीं था। जैसे उसी विश्वास की स्थापना के लिए ये जूतियाँ उन्हें मिली हैं। पाँव में जूतियाँ डालकर वे आँखें बन्द करके कुछ न सोचने का प्रयास करती हैं तभी भास होता है; जैसे वर्तमान का वह क्षण, जहाँ वे खड़ी हैं, एक ऐसा बिन्दु है जिसके आगे और पीछे वे दूर-दूर तक 'देख' सकती हैं। ये जूतियाँ उन्हें एक ऐसा शुभ्र स्फटिक-स्तम्भ लगतीं, जिस पर खड़े होकर उन्हें चारों ओर दिशाओं के अन्त तक के दृश्य साफ-साफ दिखाई देने लगते...दूर क्षितिजों में झाँईं मारते, बस्ती-मकानों के धब्बे, नदी की रुपहली धारा, पेड़ों के झुरमुट और धुन्ध में टँका सूरज का निस्तेज गोला...जैसे वे एक नीची उड़ान के विमान पर बैठीं, सभी कुछ को आश्चर्य और पुलक से 'देखती' हैं।

वे दर्शन देते समय केवल आधा घंटे के लिए उन जूतियों को पहनतीं और फिर जाने कैसे 'हाल' में पहुँच जातीं। उस क्षण उन्हें खुद पता नहीं होता, वे क्या बोल रही हैं। हाँ, कहीं कुछ दूर देखती जातीं और उसे ही शब्द देने की कोशिश करती रहतीं...सैकड़ों लोग लाइन में लगे अपनी-अपनी बारी पर चरणों में लेटे होते...उनकी कृपा-दृष्टि की भीख माँगते रहते...बीमारी, कष्ट, बुरे नक्षत्रों से बचाव और आकांक्षित प्रश्नों के उत्तर की प्रार्थनाएँ करते रहते। उन्हें खुद होश नहीं होता, वे कहाँ से बोल रही हैं। जैसे उनका ऊर्ध्वांग किसी जादू से काटकर, हवाओं में ऊपर-ऊपर

उठता जाता, वे खुद हवा की तरह हलकी होती जातीं। उन्हें लगता, जैसे वे केवल शब्दाकार हैं; जो कुछ देख रही हैं, उसका स्वरानुवाद हैं। अपने इस अमूर्त रूपान्तरण पर उन्हें स्वयं भी बेहद आश्चर्य होता। क्या इसे ही आदमी को, मूर्त को माध्यम में बदलना कहते हैं? लोग कहते–उन्हें भूत-भविष्य सभी कुछ आर-पार दिखाई देता है। वे महासिद्ध है, यही चर्चा उस समय चारों ओर फैली हुई थी। और यह सब उन जूतियों के कारण ही होता है, इस सच्चाई का बोध खुद उनके लिए संसार का सबसे बड़ा आश्चर्य है।...वे किसी को बता भी तो नहीं सकतीं कि ये जूतियाँ उन्हें कहाँ मिलीं! हो सकता है, स्वयं उन्होंने ही कहा हो या वैसे ही किंवदन्ती की तरह कथा फैला गई हो कि ये उनके गुरु महाराज की इष्टदेवी की पादुकाएँ हैं, माँ-शक्ति की साधना से प्रसन्न होकर गुरु महाराज ने अपने स्वर्गारोहण से पहले उन्हें देते हुए कहा था, ''शक्ति, इनकी गरिमा की रक्षा तुम्हारा दायित्व है...।'' माँ-शक्ति मन-ही-मन हँसती हैं : हाँ, उनके गुरु महाराज का ही तो प्रसाद है ये...और आज वे उन्हें गीता-रामायण से भी अधिक पवित्र-भाव से, सच्ची श्रद्धा के साथ लाल मखमल में लपेटकर रखती हैं, गुलाब और चन्दन की पँखुड़ियों के बीच... केवल 'दर्शन' देने के समय उस आधा घंटे ही उन्हें पहनती हैं और फिर जैसे उनका चेहरा किसी भीतरी तेज से पिघलने लगता है...आसमान से लटके एक बहुत लम्बी रस्सियोंवाले झूले में धीरे-धीरे इस क्षितिज से उस क्षितिज की ओर जाने लगती हैं। उन्हें मालूम है, उनके जाने-अनजाने कई लोगों ने उन्हीं की तरह पावन गंगाजल से पाँव-हाथ धोकर मखमली बस्ते को माथे से लगाया है, परम श्रद्धा से डरते-डरते जूतियों में पाँव डालकर आँखें मूँदने और 'ध्यान' करने की कोशिश की है, मगर किसी को कुछ नहीं होता...ईमानदारी से यह उनके लिए अभिनय नहीं है, न चमत्कार दिखाकर श्रद्धा-विद्ध लोगों को विश्वास वसूलने का कोई आध्यात्मिक षड्यंत्र है। अनुभूति की यह सिर्फ ऐसी स्थिति है, जिसकी परिभाषा वे स्वयं नहीं कर पातीं। जब लोग उनके चरणों में पड़े इन जूतियों से माथा रगड़ते होते हैं, उनकी शरण और आशीर्वाद के छत्र के नीचे जीवन उत्सर्ग कर देने की विह्वल गुहारें लगाते होते हैं, तो उनकी बन्द आँखों से निश्शब्द आँसू झरते रहते हैं, सिंहासन के हत्थों पर उनकी मुट्ठियाँ ऐसी कस जाती

हैं कि उन्हें पीस डालेंगी, बेबस-सी साँस जोर-जोर से चलने लगती है और पोर-पोर एक अजीब शीतल आग में कबाब की तरह भूना जाने लगता है। तब वे जवाब नहीं दे पातीं, सिर्फ कराहती हैं—और यह अनुभूति उन्हें कहीं किसी बहुत पुराने भूले हुए की याद दिलाती है...किसी और जन्म की कोई बात। मगर यह भी उन्हें मालूम है कि उस 'सुख' को तो उन्होंने कभी वास्तव में जाना ही नहीं...नारी शरीर पाने की यातना भोगी है। उस ब्रह्मानन्द के बारे में सिर्फ सुना है...।

बहुत कम आयु में जब उन्होंने संन्यास लेने का संकल्प लिया तो ये हलके गेरुआ वस्त्र धारण करने के साथ-साथ आचमनी, कमंडलु, रुद्राक्ष इत्यादि सभी चीजों की आवश्यकता हुई। ये चीजें नई भी ली जा सकती थीं। मगर लगा, बहुत पुरानी होंगी, तो प्रभाव अच्छा पड़ेगा। हो सकता है, किसी सच्चे योगी की प्रसादी की तरह ही ये वस्तुएँ मिल जाएँ। इसी खोज में उन्होंने ऐसी दुकानों के चक्कर लगाए जहाँ बहुत पुरानी वस्तुएँ भी मिलती थीं। वहीं एक बहुत बुजुर्ग मियाँजी किसी और को इन जूतियों के बारे में विस्तार से बता रहे थे, "जनाब, ये जोहराबाई की जूतियाँ हैं। आपने तो हुजूर, उनका नाम भी नहीं सुना होगा। देखा हमने भी नहीं है। मगर कहते हैं, शहर के बड़े-से-बड़े घमंडी, अजीमुश्शान माथे इन पर रगड़े गए हैं, सोने-चाँदी और जवाहरातों की बारिशें हुई हैं और उन्होंने मलिकाए-आलम की तरह शान से अपने जमाने के बड़े-से-बड़े रईस तीसमारखाँओं को इशारों पर नचाया है। सुनते हैं, नाचना-गाना खास नहीं जानती थीं, मगर कोई हुनर था। जिसको एक बार कभी उनके साथ हम-बिस्तर होने का नियाज मिला, कसम खुदा की, वह ज़िन्दगी भर फिर कभी उस दरवाज़े से गया ही नहीं। मालूम नहीं, कितनी अमीर-उमरा, रईस और खानदानी इन जूतियों को छाती से लगाए-लगाए फ़क़ीर हो गए, पागल और सौदाई हो गए। यक़ीन मानिए लोगों ने खुदकशियाँ की हैं, दर-दर की ठोकरें खाई हैं। और कुत्तों की तरह सालों दरवाज़े के बाहर पड़े रहे हैं...वक़्त होता है साहब, हर चीज का। आज इन गन्दी, मैली और चीथड़े जैसी जूतियों को देखकर कोई क्या तो इनकी क़ीमत समझेगा और क्या इनके दाम लगाएगा...? हम तो यही कहेंगे साहब, जोहराबाई जोगन थी, जोगन...!"

'जोगन' शब्द झनझनाया माँ-शक्ति की चेतना में। जोहराबाई और उसके 'यश-वर्णन' की शर्म से वे अभी उबर भी नहीं पाई थीं कि 'जोगन' शब्द तीर की तरह लगा...मगर हिम्मत नहीं पड़ी। अगले दिन फिर किसी को साथ लेकर गईं। मियाँजी नहीं थे, उनका लड़का था। इधर-उधर कुछ देखती-टटोलती रहीं और चुपचाप जूतियों को काग़ज़ में लिपटवाया, जो पैसा माँगा, दिया और इस तरह झेंपती हुई छिपाकर ले गईं, जैसे अश्लील चित्रों की किताब हो...! अकेले में कमरा बन्द करके देखा डरते-डरते : बहुत पुरानी, धूल-भरी, सिकुड़ी-मुचड़ी, घिसी-घिसाई जूतियाँ थीं। कभी उन पर खूबसूरत ज़रदोज़ी का काम रहा होगा, अब तो काले-काले जाले-से रह गए थे। निश्चय ही मियाँजी ने बातों का जाल खड़ा करके बहुत बेकार और दो कौड़ी की जूतियाँ भिड़ा दी हैं। मगर फिर यों ही कुतूहलवश पाँवों में फँसाया : सख्त थीं और चुभती थीं। फिर सोचा, जो कुछ भी मियाँजी ने कहा, उसमें दस प्रतिशत भी सच रहा, तो ऐसा क्या था जोहराबाई के पास? वह हुनर कैसा होता है जो आदमी को हमेशा-हमेशा के लिए गुलाम बना ले? किस उम्र से, कैसे और कब तक साधा होगा जोहराबाई ने उस सिद्धि को?...और धीरे-धीरे वे किसी अनजान जोहराबाई के कोठे पर जा पहुँचीं...कहीं बहुत दूर से कानों में तबले और घुँघरू की आवाजें आने लगीं...और वे जैसे अपने आपसे उठकर कहीं पीछे और पीछे कुहासे में डूबती चली गईं : उन्हें लगा, उनके आगे एक रेशमी पारदर्शी पर्दोंवाला पलंग है—मसहरी की जालियों जैसा अँधेरा है और भीतर गुँथी हुई दो छायाएँ हैं; गहरी साँसें, उत्तेजक सीत्कारें और आक्रामक कराहें हैं...।

और फिर हमेशा ही यही होने लगा। वे जूतियाँ पहनतीं और उन्हें लगता, जैसे कोई बेहद मुलायम हाथों से उन्हें उठाकर वर्तमान से नोच लेता और किसी रहस्यमय लोक में फेंक देता है। वे अपने और जोहराबाई के अतीत की यात्रा पर निकल पड़तीं...फिर यह भेद भी जैसे गायब हो गया...किसी ने कभी बचपन में उन्हें सिंड्रैला नाम की लड़की की कहानी सुनाई थी और सचमुच मानने लगी थीं कि ज़रूर उस लड़की के साथ ऐसा ही हुआ होगा...जोहराबाई भी बहुत सुन्दर रही होगी—लोग कहते हैं, वे खुद भी कम सुन्दर नहीं हैं...लेकिन सुन्दर होने की सार्थकता

को जोहराबाई ने कैसे और किस बिन्दु पर सिद्ध किया...?

झंकृत चेतना की ऐसी ही एक मूर्च्छना में उनके भीतर एक सवाल उठा—वर्तमान से उखड़कर सिर्फ अतीत की ही यात्रा क्यों हो? सपने सिर्फ एक ही दिशा में तो नहीं जाते...भविष्य की ओर भी तो जाते हैं! जा सकते हैं? और क्या काल में अतीत, वर्तमान, भविष्य जैसे विभाजन हैं? उन्हें लगता है, जैसे काल एक ऐसा ठंडा, पथराई बर्फ-सा फैलाव है जिसे हम सिर्फ़ अपनी स्थिति से, जहाँ और जिस बिन्दु पर खड़े हैं, वहीं से बाँट लेते हैं...वहाँ शायद ऐसा कुछ भी नहीं है—एक बार अगर आदमी अपनी गुरुत्वाकर्षण से मुक्त हो सके, तो वह काल के इस फैलाव में कहीं भी कितना भी जा सकता है...।

इस निचाट, सूने, निर्जन फैलाव में तैरते हुए-से भटकना उन्हें बेहद-बेहद अच्छा लगता...मगर जैसे ही उन्हें लगता कि इस 'भटकाव' को समझ पाने, हृदयंगम कर सकनेवाली 'भाषा' उनकी पकड़ से छूट रही है, तो डूबते हुए आदमी की घुटन और बेचैनी से 'लौटने' को छटपटाने लगतीं...तब लगता, जैसे वे एक हवाई जहाज से कूद पड़ी हैं और छतरी खुल नहीं रही है...।

तब अक्सर उन्हें अहसास होता जैसे वर्तमान एक कील है जो समय के चौड़े तख्ते पर उन्हें ईसा की तरह ठोके हुए है : लेकिन जूतियाँ पैरों में हैं, इसी अनुभूति से यह कील ढीली होने लगती है और वे हलकी होकर हवा में तैरने लगती हैं...उस क्षण उन्हें बिलकुल भी भान नहीं रहता कि सिंहासन के हत्थों पर उनकी पकड़ कितनी कस गई है या दाँतों की पंक्तियाँ कैसे एक-दूसरे से जकड़ गई हैं, खूबसूरत चेहरा कितनी ऐंठन और पीड़ा से लाल हो जाता है...वे तो जोहराबाई के उस 'गुरु' को महसूस करना चाहती हैं, जो आदमी को हमेशा-हमेशा के लिए 'कील' देता है...पुरुष को किसी भी दूसरी प्रकृति के लिए एकदम निकम्मा और नपुंसक बना देता है...।

आज उन्होंने उन जूतियों पर सुन्दर मखमल के गिलाफ सी लिये हैं, अपने लम्बे गेरुआ चोगे से हमेशा उन्हें ढँके रहती हैं और जब कोई जिज्ञासु उनसे पूछता है कि वे साधना के किस स्तर और सिद्धि की किस ऊँचाई तक पहुँच गई हैं, तो इस प्रश्न का अर्थ नहीं समझ पातीं। कोई

जवाब उन्हें सूझता ही नहीं...कैसे दें उस 'विलक्षण' को शब्द? वे केवल मन-ही-मन यही कह पाती हैं—पता नहीं किस योगिनी, तपस्विनी की पादुकाएँ हैं कि मैं 'मैं' नहीं रह जाती, मुझे अपना होश ही नहीं रहता, शरीर गरमाती बर्फ की तरह पिघलता महसूस होता है, कानों में घुँघरू, झालर-घंटे से बजते सुनाई देते हैं...एक अजीब सुगन्धित-सा कोहरा...चारों तरफ सिर्फ़ एक उजास...अँधेरों से लिपटता-सा एक उजाला, धुएँ में गुँथी एक लपट...।

फिर चौंककर सहसा 'चुप' हो जाती हैं : कैसी घिसी-पिटी सी बातें वे कह रही हैं...फिर होश आता है, कह कहाँ रही हैं, यह सब तो उनके भीतर 'घटित' हो रहा है...।

26.4.82

सूत्रधार

विकास के मन में अचानक ही उत्साह भर उठा। आज शिखा बच्ची के साथ जा रही है, कम-से-कम महीने भर के लिए, दस साल बाद वे अब खुली हवा में साँस ले सकेंगे।

अपने आस-पास देखकर और खुद अपने अनुभव से उन्होंने दो नतीजे निकाले थे—एक कि आजकल की पत्नियाँ दो दिन के लिए भी घर छोड़ना पसन्द नहीं करतीं। पहला जमाना भी क्या था कि पत्नी बार-बार महीनों के लिए मायके चली जाती थी और आप मस्ती से छुट्टियों का मजा लेते थे—रोज-रोज की खिच-खिच से जान छूटती थी। कितने अफसोस की बात है कि हमारे परिवारों के सारे अच्छे-अच्छे रिवाज उठते चले जा रहे हैं। आजकल की इन औरतों को न केवल लम्बी उम्र मिली हुई है, बल्कि घर-गिरस्ती में बुरी तरह लिप्त होती चली जा रही हैं। इन्हें अपने माँ-बाप, भाइयों-सहेलियों की याद भी नहीं आती। बारहों महीनों बस अपने पतियों की जान को लगी रहेंगी। जैसे एक दिन को भी हटीं, तो पता नहीं क्या कहर टूट पड़ेगा!

दूसरा नतीजा भी कम आश्चर्यजनक नहीं था। इन औरतों की कोई ऐसी आत्मीय सहेली, मित्र नहीं होती, जिसके लिए भीतर से इनका मन ललकता हो। शादी से पहले इनकी दोस्ती देखकर जरूर लगता है कि शायद एक के बिना दूसरी रह ही नहीं पाएगी। क्या-क्या पत्र लिखती हैं, किस तरह चौबीसों घंटे एक-दूसरे की माला जपती हैं, घंटों सिर-से-सिर जोड़े दुनिया-जहान की बातें करती रहती हैं, बिछुड़ने के समय कैसे

एक-दूसरे के गले लगकर फूट-फूटकर रोती हैं। लेकिन थोड़े ही दिन में इस तरह भूल जाती हैं, जैसे कभी कोई सम्बन्ध ही नहीं रहा हो। पुरुष इस तरह की दोस्ती जिन्दगी भर निभा लेते हैं। अक्सर एक-दूसरे के यहाँ आना-जाना बना रहता है और मन-ही-मन महीनों दोस्तों के यहाँ जाने, गप्पें करने, ठहरने को मन उमड़ता रहता है। साल-दो साल पत्नी रह चुकने के बाद आपने किसी औरत के मन में ऐसी बात उठते सुनी है? बस, मेरे बच्चे, मेरा पति, मेरा घर, मेरे कपड़े...।

ये नतीजे और ये सारी बातें विकास खुलकर विस्तार से नहीं कह पाते, लेकिन मन-मन में अपनी निरीक्षण-शक्ति पर चकित जरूर होते हैं। शायद यही कारण है कि औरतें ऊँची और गहरी बातें नहीं सोच पातीं। अपने आपसे ऊपर उठें तो ये सब सोचें भी। उनकी बला से आदमी चाँद पर उतरे, या मंगल पर...बरसात के बाद घर-भर के कपड़े धूप में सुखाना संसार का सबसे महत्त्वपूर्ण कार्य है। कभी-कभी महिलाओं को बेहद गम्भीरता से ऊँचे विषयों पर चर्चा करते देखकर विकास के मन में गुदगुदी उठती रहती है, और वे अपने पर किसी तरह काबू किए रहते हैं, वरना मन होता है, पूछें, 'बहनजी, ये रूस और अमेरिका को डालिए भाड़ में, सुकरात और ग़ालिब को अपनी-अपनी क़ब्रों में आराम करने दीजिए, आप तो यह बताइए कि जो अचार आप बाहर धूप में रख आई थीं, वह रात में ओस लगने से खराब तो नहीं हो जाएगा?'

विवाह के दस बरसों बाद भी विकास को विश्वास है कि वे आज भी वैसे ही हैं, जैसे पहले थे। उन्होंने अपने वास्तविक और स्वतंत्र व्यक्तित्व को मरने नहीं दिया है। वे जब चाहें तब इस सारे ताम-झाम को छोड़कर अलग और उन्मुक्त जीवन बिता सकते हैं। जब मन हुआ, तब उठे, जब इच्छा हुई तब खाया, सिनेमा चले गए, दोस्तों से गप्पें लड़ाईं, किताबें-पत्रिकाएँ पढ़ीं या यों ही भटकते रहे...डूबी रहे शिखा इस घर के जाल-जंजाल में, वे तो आज भी वही रमते जोगी हैं, जो किसी भी दिन अपना कमंडलु उठाकर चल देगा। अकेले आदमी को इतने सारे लवाजमात और अपने को उलझाए रहने की जरूरत क्या है?

जब भी वे अकेले होकर सोचते हैं, तो उन्हें सपने आते हैं, एक दिन वे अचानक उठेंगे और बाहर निकल पड़ेंगे। स्टेशन पर जो भी पहली

गाड़ी मिलेगी, उसी में जा बैठेंगे। पीछे मुड़कर भी नहीं देखेंगे। कभी प्लेटफॉर्म की बेंचों पर रात बिताएँगे, तो कभी समुद्र के रेतीले विस्तार में टहलते चले जाएँगे...कभी पहाड़ी पगडंडियों पर घूमेंगे, तो कभी किसी छोटी-सी नाव में निश्चेष्ट लेटकर अपने को चुपचाप बहने देंगे। कभी कोई अखबार या किसी सामान के साथ आया रद्दी काग़ज़ खोलेंगे, तो देखेंगे कि उसमें उनकी तसवीर छपी है–'पिताजी, आप जहाँ भी हो, लौट आइए, माँ परेशान हैं...' हुँह, परेशान हैं तो बनी रहें। मैं मस्त-मलंग आदमी, कहाँ के बवाल में लाकर फँसा दिया मुझे। बिजली का बिल जमा कराओ, दफ्तर को टिफिन ले जाओ, सब्जियाँ खरीदो और डॉक्टर के चक्कर लगाओ। कभी जाने-अनजाने देर हो जाए तो पूरा नाटक! अब सँभालो अपनी दुनिया और अपनी गृहस्थी...त्याग-व्याग तो सब बकवास है, बुद्ध भी जरूर इसी उन्मुक्त यायावरी कीड़े के काटे हुए होंगे...पक्षी की तरह पंख खोले और उड़ लिये, अब तुम बैठी-बैठी गाती रहो, 'सखि, वे मुझसे कहकर जाते...' बेवकूफ थे न, जो तुमसे कहकर जाते...।

एक छोटा-सा सपना जाने कब से स्थगित हो रहा है, बादलों भरा दिन और वे सिरहाने अपने मन की किताब लगाए, निश्चिन्त मूँगफलियाँ खा रहे हैं। लेकिन जब-जब विकास ऐसे सपनों में डूबे हैं, जाने कहाँ से शिखा ने कोई-न-कोई ऐसी बात जरूर छेड़ दी है कि उड़ते हुए अचानक धरती पर आ गिरे हैं। सचमुच यह सूँघ लेती है कि मैं क्या सोच रहा हूँ? ऐन मौके पर मन की बात ताड़ लेने की इस निगाह पर वे चौंककर भयभीत हो उठते हैं।

चलो जी, अब महीने भर को इस सबसे छुट्टी मिली। स्टेशन से बाहर निकलकर उन्होंने इस तरह देखा, जैसे बरसों बाद सुरंग से निकले हों–सब कुछ कैसा खुला-खुला और फैला है! आस-पास की हर चीज को जैसे उन्होंने अपने लिए नए सिरे से अन्वेषित किया और एक अजीब तरह का आश्वासन उन्हें अपने भीतर महसूस हुआ–उनकी 'अनुपस्थिति' में भी जो चीजें जहाँ होनी चाहिए, वहीं हैं और अपनी-अपनी जगह सक्रिय हैं।

"अब कहाँ चलोगे मि. विकास?" उन्होंने अपने से सवाल किया। कॉफीहाउस, सिनेमा, इंडिया गेट या शर्मा के घर? जाते-जाते शिखा ने

कहा था, 'अरे ग़ज़ब हो गया...मैं अपनी अलमारी खुली छोड़ आई हूँ। आप सीधे जाकर उसे बन्द कर दीजिए। वैसे रामू ठीक-ठीक है, फिर भी लापरवाह तो है ही, आप सीधे घर ही जाइए।' उस समय तो उपेक्षा और अनिच्छा से कहा था, 'हाँ-हाँ, घर नहीं जाऊँगा, तो कहाँ जाऊँगा?' विकास ने अधीरता और मजाक में कहा था, 'हाँ-हाँ, सब हो जाएगा, तुम चिन्ता मत करो। तुम्हारी जान तो यहीं बसी है...।'

और सब कुछ दिमाग से निकालकर उन्होंने फिर पूछा, ''हाँ, तो फिर किधर चलोगे विकास बाबू?'' कुछ क्षण बुद्धुओं की तरह इधर-उधर देखते रहकर उन्होंने तय किया कि आज तो सीधे घर ही चलते हैं, अलमारी-वलमारी बन्द करना-कराना आज कर लेंगे, फिर कल से अपना निर्द्वन्द्व जीवन शुरू होगा। बस पकड़कर वे सीधे घर आ गए। आहा, घर में कैसी शान्ति है! रामू को बुलाया, ''देखो पंडित रामूलाल, तुमने बीबीजी के साथ मिलकर हमें बहुत दुख दिए हैं। अब हमारी थोड़ी सेवा करो। जो हमारा मन हो सो करने दो।'' रामू दुष्टता और समझदारी से मुस्कराया। आराम से खाना खाकर वे लेटे-लेटे पढ़ते रहे और कल के लिए सोचते रहे और फिर सो गए।

सुबह नींद में ही उन्होंने आवाज लगाई, ''शिखा, उठो भई, चाय-वाय बनाओ,'' लेकिन साथ ही झटके से उठकर बैठ गए। हँसे, शिखा कहाँ है। उठकर तीनों कमरों में चक्कर लगाए। सब कुछ इतना अलग और नया था, जैसे उनका घर ही न हो। सुबह जल्दी उठकर घर भर को जगाने का काम उन्हीं का है, मगर आज कोई था ही नहीं। सीढ़ियों में जाकर रामू को जगाया, ''आज उठने का कोई इरादा नहीं है? रोज कैसे एक ही आवाज में उठ-बैठते थे!'' वह बड़ी अनिच्छा से आँखें मलता उठा।

बनियान उतारकर उन्होंने गुसलखाने में फेंकी और आराम से चाय पीते हुए...अख़बार पढ़ने लगे। अब टोकनेवाला कौन है? क्यों चौबीसों घंटों गर्मी में कपड़े लादे रहें? चाय का पहला घूँट भरते ही याद आया, तो मुस्कराए, 'रात भर का मुँह रहता है, कुल्ला करके आओगे तो चाय मिलेगी।' लो, नहीं करता कुल्ला। क्या करोगी? एक बार कर आने का मन हुआ, लेकिन हठपूर्वक बैठे चाय पीते रहे। अचानक रामू की आवाज

सुनी, ''बीबीजी नहीं हैं तो चार-चार कप...।''

''हमारा मन है, पिएँगे।'' उसे चुप करा के मुस्कराए।

वह जैसे बदला लेने के भाव से बोला, ''खाना क्या बनेगा?'' जानता है, विकास को हमेशा इस सवाल से झुँझलाहट होती है। सख्ती से कहा, ''जो तुम्हारा मन हो। मगर मिर्च-मसाले अच्छे डालना। फीका-फीका खाते सचमुच ही बीमार हो गए।''

सब्जियों के लिए जब उसने पैसे माँगे, तो विकास की समझ में ही नहीं आया कि जितने माँग रहा है, उतने ही पैसे चाहिए या शिखा के न होने का फायदा उठा रहा है। माँगे गए पैसों के आधे देकर ही कहा, ''इसी में काम चलाओ।''

ढीठ की तरह बोला, ''फिर शाम को किसी को साथ लेकर मत आइए कि वह भी खाएगा...।''

''नहीं लाएँगे, जान मत खाओ।''

उससे भी बड़ी समस्या खड़ी कर दी जमादारनी ने, ''बीबीजी बोली थीं कि दस रुपए बाबूजी से ले जाना।'' अब यह कैसे तय हो कि बीबीजी बोली भी थीं या नहीं? महीने के पैसे तो यह ले गई है। ''हमसे तो नहीं कहा।'' लेकिन जमादारनी ताड़ गई कि आवाज़ में दम नहीं है। उसने अपनी जरूरतों का पुराण चालू ही किया था कि झल्लाकर बोले, ''अच्छा बाबा, ले जाओ। चलो, जान छुड़ाओ, दस रुपए लेकर कहाँ भागी जाती है।'' लेकिन इसके बाद इस्तरी करनेवाला, रद्दी खरीदनेवाला, इनामों की फेहरिस्त के साथ रियायती मूल्य पर टूथपेस्ट बेचनेवाली लड़की और बगल के चीनी माँगनेवाले पड़ोसी—सबने जो एक साथ लाइन लगाई, तो झुँझलाकर विकास सोचने लगे, यह कमबख्त घर है या प्लेटफॉर्म? इस पर उन्होंने कभी ध्यान ही नहीं दिया कि बीबीजी का नारा लगाते हुए सुबह-सुबह कितने लोग इस घर पर धावा बोलते हैं। एक पन्ना ध्यान से नहीं पढ़ने दिया कमबख्तों ने। कुछ भी समझ में न आने के कारण वे सिर्फ लोगों को टालते रहे, ''बीबीजी आएँगी, तब होगा।'' पता नहीं, किससे क्या-क्या कहकर गई है!

बहरहाल, आज वे जो चाहे कर सकते हैं। उन्होंने खूब आड़े-टेढ़े मुँह करके हजामत बनाई और खूब आवाज़ें करके गला साफ किया और

दो-तीन बाल्टियों से नहाए। तौलिए से बदन रगड़ते हुए उन्हें ध्यान आया, उन्होंने बाकी सारी बाल्टियाँ भर दी हैं। नौ बजे पानी चला जाता है, इसलिए बाकी लोगों के खयाल से पानी भरना पड़ता है। शिखा दरवाज़ा खटखटाकर उन्हें याद दिला देती है। मगर आज क्या ज़रूरत थी! चलो, पड़ा रहेगा। एक पतलून और बुश्शर्ट शिखा को एकदम पसन्द नहीं हैं। उन्हें वह पहनने ही नहीं देती। जान-बूझकर उन्होंने दोनों कपड़े वही निकाले। आख़िर, बनवाए हैं तो पहनने तो हैं ही। दफ्तर में देखते ही शुक्ला ने कहा, ''क्या बात है, बड़े उलटे-सीधे कपड़े पहन आए हो!'' झेंपकर सफाई दी, ''कुछ नहीं यार, आजकल बीवी नहीं है, सो सारा घर ही उलट-पलट गया है।'' बार-बार खयाल आता रहा कि उन्हें ऐसा नहीं करना चाहिए था। शुक्ला कह रहा था, ''अकेले आदमी हो, चलो आज अड्डा जमे।''

''हाँ-हाँ, आज अपने ही यहाँ सही।'' शिखा को शुक्ला कभी पसन्द नहीं आया। कारण कुछ नहीं, बस पसन्द नहीं है। आज उसे ज़रूर ले जाऊँगा, कोई बात है!

''चलो हो जाए।'' शुक्ला तैयार बैठा था। वह बदमाश रामू कहेगा, कोई कहनेवाला नहीं है, तो घर में शराब-कबाब उड़ रहे हैं। ज़रूर शिखा को बताएगा।

लंच के समय खुद ही बोले, ''शुक्ला, आज नहीं, किसी और दिन सही।'' लेकिन शुक्ला नहीं माना, ''अच्छा, हमारे यहाँ चलो।'' और शाम को जबरदस्ती घसीटकर अपने साथ ले गया।

अभी दो ही पैग पिए थे कि भीतर से कोई बोला, 'अब और कितना पियोगे। बस करो।' चाहने के बावजूद तीसरा उनसे नहीं लिया गया।

कल रविवार है और खाने के बाद ताश का प्रोग्राम था। 'जब हमेशा हारते हो, तो खेलते ही क्यों हो?' कहीं से उन्हें सुनाई दिया। और उन्हें जाने कैसी बेचैनी होने लगी कि लगता था, अब उठो और चले जाओ, यहाँ कुछ दम-सा घुटता है। आख़िर कहा, ''यार शुक्ला, अब चलूँगा।''

''कल तो छुट्टी है और कोई पूछनेवाला भी नहीं है।'' शुक्ला ने

याद दिलाया।

"छुट्टी तो है, मगर घर अकेला है। नौकरों का क्या भरोसा..." फिर वे किसी भी तरह नहीं रुके और घर आ गए। रामू को बताया कि खाना बाहर खा आए हैं।

वह आश्चर्य से बोला, "ऐं, खाना खाकर इतनी जल्दी आ गए? आप तो जब बाहर खाते हैं तो...।"

"अच्छा, तू अपना काम कर।" कपड़े उतारकर पलंग पर फेंक दिए। समझ में नहीं आया कि अब क्या करें। 'ये कपड़े तो कम-से-कम धुलनेवाले बक्से में डाल दिया करो, और अलमारी के पल्ले बन्द करने में कितनी मेहनत लगती है?' बेहद थकान थी, फिर भी अनखाए भाव से उठे, सारे कपड़े समेटकर धुलनेवाले बक्से में डाले, अलमारी के पल्ले बन्द किए और रसोई में एक चक्कर लगाया कि क्या-क्या चीजें रामू ने खुली और फैली छोड़ दी हैं। वह सोने या मटरगस्ती करने चला गया था। उसकी लापरवाही को दो-चार गालियाँ देकर सोनेवाले कमरे में आ गए। बिस्तर को लेकर शिखा लगभग रोज ही राम से झिकझिक करती है, चादर टेढ़ी बिछाई है, इसे सीधी करो, गन्दी है, इसे बदलो। 'छोड़ो भाई, अब सोना ही तो है। कल बदल देना।' वे कहते हैं। लेकिन नहीं, शिखा को बिस्तर साफ और करीने का चाहिए। आज देखा, गिलाफ गन्दा है और चादर बिछाई नहीं गई, सिर्फ़ फैला दी गई है। सोचा होगा, बाबूजी को क्या फ़र्क पड़ता है?

'मेरे पीछे महीने भर में तुम तो इस रामू को बिगाड़कर रख दोगे?' कहीं से सुनाई दिया, तो निःशब्द बोले, 'इन छोटी-छोटी बातों को लेकर मुझसे सिरदर्द नहीं होती।' खूब फैलकर मस्ती से लेटे ही थे कि सुना, 'सोने से पहले कम-से-कम दाँत तो साफ कर लेते।' अधनींदे से सोचा—सुबह करेंगे। लेकिन सोते-सोते भीतर बेचैनी का दबाव बढ़ता महसूस करते रहे। हारकर उठे, अपने को घसीटते हुए वाश-बेसिन तक ले गए, ब्रश किया। लौटे तो पाया कि कपड़ों की अलमारी के सामने आ गए हैं। खोजकर नया गिलाफ निकाला। पुराने को निकालकर बाकायदा धुलने के बक्से में डाला, चादर उठाकर झाड़ी और करीने से बिछाई। सलवटें निकालीं, "बोलो, अब तो ठीक है?" किसी को सुनाकर बोले

और लेट गए...।

सोते हुए अपने आपको समझाया, नहीं, न मुझे किसी की कमी अखर रही है, न याद आ रही है। इस शान्ति और स्वतंत्रता को मैं भरपूर जीना चाहता हूँ। लेकिन यह सचमुच उनकी समझ में नहीं आया कि कल तक जो आवाज़ें बाहर से आया करती थीं, वे अचानक अपने भीतर से शायद कुछ ज्यादा हठीले ढंग से कैसे आने लगी हैं?

27.7.76

सीज़-फ़ायर

पिछले पाँच दिनों से हम एक-दूसरे के लिए एकदम अपरिचित और अजनबी हो गए थे। लगता था जैसे रीना, बिल्लू और नौकर चमन एक दल हैं और मैं ही कोई बाहरी आदमी हूँ जो जबर्दस्ती यहाँ रह रहा हो। मैं दरवाजे की घंटी बजाने से पहले सुनता : वे लोग हँस रहे हैं, बातें कर रहे हैं, रेडियो बज रहा है, घर में मसाला भूनने की खुशबू भरी है, चमन विस्तार से बता रहा है कि सर्दी में वह नहाने के लिए गुसलखाने जाता जरूर है मगर वहाँ कैसे शरीर पर पानी डालने में अपने आपसे चालाकी करता है...घंटी बजती है और अचानक जैसे एकदम रील टूट जाती है। पहले शायद एक-दूसरे की तरफ देखते हैं कि कौन दरवाज़ा खोलेगा। मेरी घंटी सब पहचानते हैं। प्रतीक्षा करने के बाद दूसरी बार हाथ बढ़ाता हूँ कि दरवाज़ा खुलता है...चमन रास्ता छोड़ देता है...घर में ऐसा सन्नाटा हो गया है जैसे सारे दृश्य फ्रीज कर दिए गए हैं।...मैं रास्ते भर सोचता आता हूँ कि आज अपनी तरफ से पहल करके सबसे इस तरह बोलूँगा जैसे कुछ हुआ ही न हो। मगर घर की पहली सीढ़ी पर कदम रखते ही भीतर कुछ जम जाता है। औरतों की इस बात पर मैं हमेशा चकित होता हूँ : वे घर के किसी भी अँधेरे कोने में हों, आप एक मील दूर से सूँघ लेते हैं कि आज वातावरण खुला है या तनाव-भरा। वे बिना कुछ कहे हवा में अपनी मानसिकता घोल देती हैं...।

मुझे देखते ही रीना का चेहरा तन जाता है, बिल्लू माँ का चेहरा ताककर मेरे प्रति अपना रवैया तय करता है और चमन सहमकर रसोई

में खिसक जाता है। और तो और जैसे मसाले की खुशबू एकदम थम जाती है। ड्रेसिंग टेबल के सामने टाई खोलते या अपनी मेज पर ब्रीफकेस रखते हुए मैं अपने आपसे पूछता हूँ—मैं यहाँ लौट क्यों आया हूँ? क्यों नहीं मैं पहली ट्रेन पकड़कर कहीं चल देता? किसी भी दोस्त के यहाँ जा सकता हूँ। अलग कमरा ले सकता हूँ। कहीं भी खा सकता हूँ। दिन भर तो ऑफिस की कैंटीन है ही, शाम को दिल्ली जैसे शहर में क्या कमी है? वैसे भी तो साढ़े आठ बजे घर छोड़कर आठ-नौ से पहले कभी नहीं लौटता—सिर्फ़ रात को सोने और खाने के लिए इतनी परेशानी, तनाव, घुटन बर्दाश्त किए जाने की क्या तुक है? इस मामले में भी मैं औरतों की इस बात पर चकित हूँ कि कैसे खूबसूरती से वे आदमी को घर की मशीन चलाए रखने के लिए तेल के रूप में बदल देती हैं। आप रात-दिन भाग-दौड़कर कुत्ते की तरह सारी दुनिया-जहान से छीन-खसोटकर जो लाते हैं वह उसके हाथ में सौंप देते हैं और बदले में मिलती हैं दो रोटियाँ, सोने के लिए 'दो गज' की जगह...और महारानी जी अपने राजपाट, परिवार के बीच सन्तुष्ट मुर्गी की तरह बच्चों को अपने डैनों के नीचे छिपाए गर्व से बैठी हैं...और मैंने ऐसी कौन सी किसी की हत्या कर दी है...बात इतनी ही तो है न कि चार महीने पहले मैं कम्पनी के काम से बम्बई गया था और वहाँ इला भी आ गई थी। मैंने तो उसे यों ही लिख दिया था कि उन तारीखों में मैं बम्बई रहूँगा, अगर सम्भव हो तो वह वहाँ आ जाए। अब मुझे क्या मालूम था कि वह सचमुच अहमदाबाद से वहाँ पहुँच जाएगी। स्टेशन पर उसे देखते ही मैं तो घबरा उठा था। धीरे-धीरे अपने को सँभाला—अगर सारी चीज उस तरह न हुई होती जैसे हो गई है तो रीना की जगह इला ही मेरे साथ होती। तब क्या उसे स्टेशन पर देखकर मैं यों हकबका उठता? होटल में आकर तैयार होने और कम्पनी के दफ्तर जाने के समय तक हम दोनों ही सहज हो गए थे। शाम को जुहू की सैर, अलीबाबा में खाने के बाद, होटल में लौटे तो मेरे उतारे-बिखरे हुए कपड़े वह उसी स्वाभाविकता से सहेज-सँवार रही थी जैसे बरसों से साथ हों... दिल्ली लौटकर सब कुछ जैसा छोड़ गया था, वैसा ही लगा तो आश्वस्ति हुई...हाँ, मुझे कुछ अतिरिक्त कोशिश करनी पड़ी; कहीं बहुत सुस्त या अतिरिक्त चुस्त न

लगने लगूँ कि रीना ताड़ ले; कहीं कुछ विशेष हुआ है। भीतर की पुलक को लेकर बेहद चौकन्ना था, इन कमबख़्त औरतों में इस सबको ताड़ने की तीसरी आँख होती है, आर-पार देख लेती हैं। मगर जब आते ही मैं ज़रूरत से ज़्यादा व्यस्त होकर उसकी निगाहों से सफलतापूर्वक बचता रहा, और कम्पनी के लिए कुछ विशेष जिम्मेदार हो गया तो बात टल गई...और वह तो रीना को सात जन्म हवा न लगती अगर कमबख़्त तलेगाँवकर घर न आ टपका होता...बम्बई जाकर इस साले को तो सबसे पहले गोली मारनी है...मेरा भी दिमाग़ ख़राब हुआ था कि 'एक शाम तो साथ बितानी है' के उसके आग्रह पर इला को भी उसके यहाँ ले गया था। वैसे भी उसे कहाँ छोड़ता? फिर सोचा–बम्बई ज्यादा आधुनिक शहर है, वहाँ इस बात पर कोई ध्यान भी नहीं देगा। उसने, उसके परिवार ने भी अपने किसी व्यवहार से ऐसा नहीं दिखाया था कि कहीं कुछ अलग है, रात को होटल तक छोड़ा, अगले दिन साड़ी खरीदने में साथ रहा...मैं तो सोच भी नहीं सकता था कि चार महीने बाद एक शाम के लिए आएगा और ऐसा बम रख जाएगा...।

मेरे लिए वह बात चार महीने पुरानी होकर खत्म हो चुकी थी, मगर रीना के लिए अभी-अभी हुई थी। मैं तो उसी समय समझ गया था कि कहीं कुछ गड़बड़ हो गया है...तलेगाँवकर को टैक्सी में बैठाकर लौटते ही लगा कि तलवारें म्यान से बाहर आ गई हैं। शाम को शराब के नशे की आड़ लेकर मैंने जैसे ही रीना का कन्धा पकड़कर कहा, 'आज तो यार, खाना कमाल का बना था...' कि कुहनी का झटका लगा, 'खबरदार...' 'आख़िर हो क्या गया?' के जवाब में 'तुम्हारा फिर वही सब कुछ शुरू हो गया...' के बाद रात भर आँसू, कोसना, माफी, सिर पटकना–सभी कुछ हुआ। 'तुम्हें कसम है जो कल से उसी के साथ जाकर न रहो तो... तुम बिल्लू का ख़ून पियोगे जो हम लोगों के साथ रहोगे...कल से या तो तुम अपना अलग इन्तजाम कर लो या मैं चली जाती हूँ...मैं एक मिनट नहीं रहूँगी यहाँ...जिन औरतों के आदमी मर जाते हैं, वे भी तो ज़िन्दगी काटती ही हैं...।'

अगले दिन दफ्तर में बदन टूटता रहा, आँखें जलती रहीं और हर क्षण दिल धड़कता रहा–ज़रूर या तो अटैची-वटैची समेटकर रीना कहीं

चली गई होगी या फिर अचानक खबर मिलेगी कि उसने कुछ खा लिया...पुलिस की भगदौड़, श्मशान, अनाथ बिल्लू की समस्या—ये सारी तसवीरें ही रह- रहकर सामने लहराती रहीं। मन हो रहा था, दौड़कर घर जाकर देखूँ—शायद अभी भी स्थिति को सँभाला जा सके...हो सकता है, अभी ही मिट्टी का तेल डालकर माचिस लगाई हो या गोलियाँ खाकर लेटी ही हो...जलते हुए व्यक्ति पर पानी नहीं, कम्बल डालना चाहिए.. .हो सकता है, कूदकर खिड़की से जाना पड़े...कम्बल कहाँ रखा होगा? घर के सबसे पास अस्पताल कौन-सा पड़ता है? तलेगाँवकर को तो फिर समझ लूँगा, पहले यह तूफान तो गुज़र जाए...दूसरी तरफ जितना सम्भव हो उतनी देर करके जाना चाहता था...चुपचाप रात को जाकर सो जाऊँगा...एक-दो दिनों में अपने आप ही सब ठीक हो जाएगा...लेकिन जब घर पहुँचकर नीचे से ही देखा : बाल्कनी में साड़ी फैली सूख रही है तो लगा—अभी तक तो सब कुछ ठीक ही है...।

और आज पाँचवें दिन मैंने झटके से तय कर लिया कि बहुत हो गया, अगर आज भी वही स्थिति रही तो चुपचाप रीना के सामने ही अटैची में कपड़े, शेव का सामान भरूँगा और कहूँगा—तुम्हें तकलीफ पाने की कोई ज़रूरत नहीं है। जब दिमाग़ ठीक हो जाए तो मुझे ख़बर कर देना... और चुपचाप सख्त कदमों से बाहर आ जाऊँगा...अटैची हाथ में लिये स्कूटर की तलाश में सड़क पर इधर-उधर देखते हुए मैं अपने आपको देखता 'रहा'—कभी-कभी पीछे झाँक लेता, हो सकता है कि बिल्लू को भेजा हो...जब वह आकर टाँगों से लिपट जाएगा—'पापा, चलो', तब शायद मैं सचमुच वापस चला जाऊँगा...लेकिन आज जब लौटा तब भी वही स्थिति थी और मैंने फिर अपने आपको एक दिन की मोहलत और दे दी—बस, कल फैसले का दिन है। हाँ यार, हद होती है एक बात को खींचने की...। इस जिद्दी औरत को सजा मिलनी ही चाहिए।

अचानक दफ्तर में फोन मिला तो मैं विश्वास ही नहीं कर पाया कि आवाज़ रीना की है...बहुत स्वाभाविक, लेकिन घबराई हुई बोल रही थी, ''रेडियो सुना, अभी-अभी खबरों में आया है, हिन्दुस्तान-पाकिस्तान में लड़ाई हो गई है। उनके जहाज अमृतसर के हवाई अड्डों पर हमला कर

गए हैं...जल्दी आ जाना...प्लीज...।" फिर तो सारे दफ्तर में ही हलचल मच गई, मगर रीना की आवाज़ में कहीं भी ऐसा नहीं था कि लगे पाँच दिनों के बाद यह पहली बात उसने सीधी मुझसे कही है।...सचमुच एकदम जैसे अन्धड़ आ गया हो...क्रिकेट कमेंट्री सुनने के लिए दराजों में बन्द दोनों ट्रांजिस्टर खट से बाहर आ गए थे और सारा दफ्तर उनके आस-पास जमा हो गया...बी.बी.सी. लगाइए, 'बी.बी.सी.।' असली खबरें वहीं से मिलेंगी...मैं औरों के साथ एकदम उत्तेजित हो उठा था, मगर भीतर एक सुख-सन्तोष की गहरी साँस उमड़ रही थी।

20.4.82

प्रेत बोलते हैं...

[पहले संस्करण (1951) का वह अंश जो 'सारा आकाश' में छोड़ दिया गया था]

'सारा आकाश' उपन्यास का नाम था पहले 'प्रेत बोलते हैं।' पांडुलिपि मेरे पास नहीं है, मैंने सीधे ही उसे प्रगति प्रकाशन या प्रोग्रेसिव पब्लिशर्स, 7/23, दरियागंज को दिया था। उन्होंने काफी समय अपने पास रखा और फिर सुलेमानी प्रेस, बनारस में छपने दे दिया। प्रकाशकों की स्थिति ख़राब हो गई और वे पुस्तक प्रेस से उठा नहीं पाए। बाद में शायद 'राष्ट्रीय प्रकाशक मंडल', मछुआ टोली, पटना ने छपे हुए फर्मे उठा लिये और 'प्राप्ति-स्थान' की जगह अपना नाम डालकर उपन्यास जारी कर दिया। हो सकता है, कुछ के पास अभी भी 'प्रेत बोलते हैं' की प्रतियाँ हों। बहरहाल, इस झंझट में प्रूफरीडिंग बिलकुल नहीं हुई। उपन्यास के पूर्व कथन में तारीख 5.12.52 गई है, समाप्ति पर 5.12.51। जहाँ तक याद आता है, सन् 51 में एम.ए. का इम्तहान देने के बाद अक्टूबर-नवम्बर में उपन्यास लिखा गया था। शायद दो महीने लगे थे। इसलिए सन् 51 ही इसका लेखन-समय लगता है।

जैसा कि 'सारा आकाश' की भूमिका में लिखा है, 'प्रेत बोलते हैं' के शुरू और अन्त के हिस्से छोड़कर ही उपन्यास को नया रूप दिया गया। 'प्रेत बोलते हैं' समर और प्रभा की मृत्यु से शुरू होता है। 'सारा आकाश' इतने निर्णयात्मक रूप से समाप्त नहीं होता–यहाँ समर के सामने 'सारा आकाश' है, वह उसमें प्रेत बनकर भी भटक सकता है और

ज़िन्दगी की किसी दिशा में उड़ान भी भर सकता है।

उपन्यास, लेखक और पात्र समर की ओर से प्रथम पुरुष में लिखा गया है। प्रारम्भ होता है कि मैं यानी लेखक की परीक्षा की तैयारी के दिन हैं और उधर छोटे भाइयों ने रात-दिन की मेहनत के बाद रेडियो बनाना सीख लिया है। घर भर में रेडियो लगा दिए हैं और हर कमरे से हर समय पूरे वॉल्यूम में कुछ-न-कुछ बजता रहता है। स्थिति यह है कि 'मैं आजिज़ आ गया। मैं लिखने-पढ़ने बैठा हूँ कि उस्ताद बन्ने खाँ ठुमरी के गरम पानी से वह गरारे कर रहे हैं कि न सिर्फ़ मैं झुँझलाकर भन्ना जाता हूँ, मुझे खुद कै होते-होते रह जाती है। अब हालत मेरी यह हो गई कि मैं सोता तो आज़ाद काश्मीर या कराची से आते शमशाद के गीतों की गोद में और जागता तो गोआ और सीलोन से गूँजते लता मंगेशकर के स्वरों की प्रभाती में, भोजन की जगह मुकेश के गाने और तलत महमूद के टेंटुए की तरकारी...सारे घरवाले भाइयों की तरफ थे और इस गुंजान माहौल में मैं झल्लाया-सा, मरखने बैल की तरह घर में घुसता और कटखने कुत्ते की तरह बाहर निकलता था... ।'

ऐसी ही एक रात मैं अपने-आप और माहौल से लड़ते हुए पढ़ते-पढ़ते सोता हूँ और सुबह पाँच बजे शोरगुल से जागता हूँ। हमारा घर स्टेशन के पास ही था। पता लगता है कि वहाँ कोई युवक ट्रेन से कट गया है। मैं भी वहाँ पहुँचता हूँ... कटी लाश, भीड़, वहाँ का सारा माहौल, सब कुछ मेरे दिमाग़ पर ऐसे छा जाते हैं कि जब लौटता हूँ तो लगता है, जैसे मैं अकेला नहीं आया, कोई 'हवा', कुछ 'अजीब' या सब मिलाकर युवक का 'भूत' मेरे साथ आया है...आदमी पर भूत इसी तरह आता है, यह संस्कार लेखक के बचपन से ही उसमें मौजूद है...(भूतों के किस्से कुछ विस्तार से दिए गए हैं कि कैसे वे सुनी-सुनाई स्मृतियाँ संस्कार बनी चेतना में बैठी हैं।)

मैं चुप, उदास, गुम लौट आता हूँ और सो जाता हूँ—लेकिन युवक का कटा हुआ सिर हमेशा आँखों के सामने है। शाम तक मुझे बुखार चढ़ आता है—नींद नहीं आती, दिमाग़ में वहाँ का वातावरण, वार्तालाप और स्थिति ही जागती-डूबती रहती है। अगले दिन भी लेटा रहता हूँ। घर में रेडियो बज रहे हैं और मुझे लगता है जैसे मेरे दिमाग़ में भी अन्तरिक्ष

की ऐसी आवाज़ें गूँजने लगी हैं जैसे स्टेशन लगने से पहले रेडियो से आती हैं। शायद तीसरे दिन आवाज़ें आनी बन्द हो जाती हैं और अचानक मुझे लगा–सारी नसों को जकड़कर बाँधे रखनेवाला शिकंजा एकदम ढीला हो गया और मस्तिष्क में अजीबोगरीब आवाज़ें सुनाई देने लगीं...पता नहीं कैसी आवाज़ें थीं। जिनका कोई भी अर्थ नहीं था–जैसे एक कमरे में बीस-पच्चीस आदमी हा-हा, ही-ही कर रहे हों या जैसे सैकड़ों रेल के इंजन एक साथ पटरियों पर दौड़ रहे हों... । फिर मुझे लगा, जैसे सारी आवाज़ें रुक गईं और सिर्फ़ एक आवाज साफ-साफ सुनाई दे रही है–मैं मोहाच्छन्न की तरह बैठकर लिखने लगा। लगा, जैसे मैं लिख नहीं रहा, दिमाग़ से आती आवाज़ का डिक्टेशन ले रहा हूँ... ।

मेरे दिमाग़ का रेडियो 'प्रेत-लोक' से जुड़ गया था और मैं समर-प्रभा की कहानी लिख रहा था–'सारा आकाश'! पूरी कहानी समर की ओर से है। अन्त में प्रभा और मन्नो भी अपनी-अपनी ओर से बोलते हैं। उपन्यास समाप्त होता है। तीनों के इस सम्मिलित वक्तव्य से, 'आज इस प्रेतलोकीय रेडियो से हम स्पष्ट घोषणा करते हैं कि हम कलमों में उतरेंगे, दिमाग़ों पर छाएँगे और नसों में तैरेंगे...हम निरन्तर माँग करते रहेंगे, हमें नए शरीर दो, हमें नया रूप दो...हम इन क़ब्रों में नहीं रहेंगे, हम निराकार नहीं भटकेंगे... ।'

'प्रेत बोलते हैं' में प्रभा की मौत का दृश्य समर की ओर से रनिंग-कमेंट्री या किसी आयोजन के 'आँखों देखे हाल' की तरह लिखा गया है। समर ने झटके से अपने आपको इंजन के सामने फेंक दिया है, लेकिन फिर भी कुचलते पहियों से जूझ रहा है...'मेरे हाथों की शक्ति चुक गई, मेरी अँगुलियाँ थक गईं, मैं विवश हो गया और सारा दम लगाकर मैंने चीखना चाहा, 'प्रभा...' मेरा मुँह खुला...फिर पता नहीं... दनदनाते इंजन के विशालकाय पहिए चलते चले गए...और एक खटर-खटर...पहिए दौड़े चले जा रहे थे... ।'

और अगले ही क्षण समर प्लेटफॉर्म पर लाकर रखी गई लाश का दर्शक हो जाता है–भीड़ के साथ... ।

प्रस्तुत अंश वहीं से प्रारम्भ होता है और लगभग शब्दशः वही है जो स्वतंत्रता के चार साल बाद, यानी सन् 1951 में लिखा गया था।

इतनी देर हम लोग अपनी कहानी में ही व्यस्त रहे। पता नहीं, इस बीच इधर और क्या-क्या हो गया। लेकिन देखिए, प्लेटफॉर्म पर भीड़ और बढ़ गई है, दो हिस्सों में बँटी हुई है...दर्जनों आदमी माथे पर हाथ रखे बड़े दुखी-चिन्तित से अफसोस प्रकट करते हुए लाश को घेरे बैठे हैं, उनके पीछे झुंड-के-झुंड बड़ी उत्सुकता और 'धक्के' से सब देख रहे हैं। स्त्रियाँ रो रही हैं।

भीड़ का दूसरा हिस्सा वहाँ से बीस-पच्चीस फीट हटकर बेंच के चारों ओर आ इकट्ठा हुआ है। यहाँ पुलिस के कुछ अधिकारी, सिपाही, रेलवे के कर्मचारी जमा हैं, पीछे एक-दूसरे के ऊपर चढ़े चले आते दर्शक हैं। कोई बैठा बीच में कुछ लिख रहा है। लिखनेवाला दारोगा है, बतानेवाला उसका सहायक है। कभी-कभी कोई और भी बोल देता है, "हाँ, तो जेब में और क्या निकला...? आप चुप रहिए साहब...।"

काफी रो-धो लेने के बाद बाबूजी और भाई साहब भी यहीं बैठे हैं—बिखरे बाल, सुर्ख आँखें, सूना चेहरा। कभी एकटक एक तरफ देखते रहते हैं और फिर कभी कुछ याद करके नए सिरे से सिसकने लगते हैं।

एक पुलिस अधिकारी रूखे स्वर से कह रहा है, "देखिए साहब, जब तक पूरी बात की तफतीश नहीं होगी, हम लाश कैसे दे दें? सुसाइड है, एक्सीडेंट है या किसी ने धक्का दिया है! बात तो साफ है। अभी तो डॉक्टरी रिपोर्ट बनेगी, पोस्टमार्टम होगा...।"

"साहब, मैं अर्ज कर रहा हूँ कि सुसाइड की तो कोई वजह ही नहीं है...अभी साल-डेढ़ साल पहले शादी हुई है, इस साल थर्ड ईयर में एडमिशन लिया है, सुबह प्रेस में काम करने आता था...सब बातें ठीक हैं, गड़बड़ी की कोई ऐसी बात ही नहीं है। एक्सीडेंट के सिवा और क्या हो सकता है? अँधेरे में दूसरी गाड़ी का अन्दाजा नहीं लगा होगा...।" बाबूजी के पास खड़े उनके दोस्त सफाई दे रहे हैं...।

"और झाड़ लगानेवाला जमादार कहता है कि उसने खुद देखा, इसने अपने आपको रेल के आगे डाल दिया। आस-पास कोई था भी नहीं। किसकी बात ठीक मानें?" अब देखिए यही सिपाही भाई साहब के कन्धे पर हाथ रखकर सरगोशी के अन्दाज में उन्हें प्लेटफॉर्म के जरा एकान्त

हिस्से में ले आया है। दोनों रहस्यमय मुद्राओं में कुछ बातें कर रहे हैं। दो-चार शब्द ही 'जोर-जोर' से बोले गए हैं—'फँस जाओगे, क्यों मामले को खींच रहे हो? मामला कुछ नहीं है, बस...।'

खैर, छोड़िए इस मामले को और जरा इधर आइए...अरे, यह कौन भागा जा रहा है? अमर है यह तो—मेरा छोटा भाई! कोई नई सूचना देने जा रहा है शायद... कुछ अनिश्चित और गोल-माल खबरें तो पहले ही पहुँच गई हैं, तभी तो परिवार के इतने लोग यहाँ इकट्ठे हो गए हैं। अमर घर की ओर भाग रहा है। कनपटियों से पसीना चू रहा है, सारा शरीर लथ-पथ है, नंगे पाँव, रोते हुए...कोई पूछता है—क्या हुआ?...लेकिन वह कुछ नहीं बताता...घर में घुसते ही जैसे-तैसे पौली पार करके अमर चीखकर औंधे मुँह बेदम-सा गिर जाता है, "भइया...रेल से कट गए... भइया ही हैं...।"

मन्नो की मौत का अफसोस मनाने धरती पर इकट्ठी रोती-बतियाती स्त्रियों में से कोई दौड़कर उसके ऊपर झुक गई है, "क्या हुआ, क्या हुआ? एकदम ठीक से पहचान लिया था...?"

फटे गले से वह पूरी ताकत लगाकर चिल्लाता है, "भइया ही है—कई टुकड़े हो गए हैं...बाबूजी, भाई साहब और मोहल्ले के सारे लोग वहीं हैं।"

अनिश्चय और असमंजस का वातावरण एकदम खत्म हो गया है, रुलाइयाँ गले में जम गई हैं, स्त्रियों की आँखें मानो इस नए अप्रत्याशित आघात से फटी रह गई हैं, हाय-हाय-राम..च्च..च्च...।

ध्यान से देखिए, पत्थर की तरह जड़ बैठी पीछेवाली जो स्त्री अचेत होकर एकदम उठँगकर लुढ़क गई है—वही प्रभा है। सफेद निचोड़े कपड़े-सा चेहरा...

और सारा घर जैसे एकदम फट पड़ा हो। सारी औरतें दहाड़ मार-मारकर रो उठी हैं—एक दूसरी से जोर से। ये आवाज़ें तो आपको भी सुनाई दे रही होंगी।

मोहल्ले की कुछ होशवाली स्त्रियाँ प्रभा को उठाकर कोठरी में ले गई हैं—जहाँ बैठी अम्मा अपनी छाती में दोनों हाथों से जोर-जोर से घूँसे मार रही हैं, चौखट से सिर फोड़ रही हैं—बिखरे बाल, कपड़े अस्त-व्यस्त...भाभी

उन्हें सँभाल रही हैं—गले से आवाज़ नहीं निकल रही—सारा माहौल जैसे अजीब सन्निपात में अपने आप चल रहा हो...!

और फिर झटके से आस-पास के पकड़े हाथों से छूटकर अम्मा जैसे प्रचंड शक्ति से उस कोठरी की ओर दौड़ती हैं जहाँ प्रभा बैठी है।

प्रभा को घेरे हुए सारी स्त्रियों को झटक-गिराकर उन्होंने बेहोश पड़ी प्रभा के बालों को दाँत भींचकर पागलों की तरह जकड़ लिया है और खींचकर चारपाई के नीचे डाल दिया है। वे साक्षात् चंडी बनी बालों से उसके सिर को पकड़े, उठा-उठाकर धरती पर मार रही हैं, "कमबख़्त... डायन...चुड़ैल...राक्षसी खा गई। मेरे लाल को एक साल में ही खा गई...मैं तेरा ख़ून पी लूँगी, तुझे भी जिन्दा नहीं छोड़ूँगी, मार डालूँगी, जिन्दा गाड़ दूँगी, राँड़! तूने हमारे चमन-से घर को बर्बाद कर दिया! सब निगल गई!"

सात-आठ औरतों ने बड़ी मुश्किल से उन्हें रोका है, कुछ प्रभा के ख़ून से लथ-पथ बेदम लोथ जैसे शरीर को सँभाल रही हैं। शायद बड़ी कठिनाई से अपनी बेजान पलकें उठाकर, मरे स्वर में कुछ कहने की कोशिश की है प्रभा ने, "ऐसे में मुझसे खुद ही नहीं जिया जाएगा अम्माजी...इससे अच्छा तो एक बार ही...।" शायद वह फिर बेहोश हो गई है...।

"हाय, मेरे कलेजे का टुकड़ा...।" रोती हुई अम्मा फिर उन्मत्तों की तरह उधर ही झपटती हैं, "हाँ...हाँ...तू सती नहीं होगी तो मैं झोंक दूँगी चूल्हे में, डायन...।"

और देखिए, बाहर रोती-बिसूरती भाभी औरतों को बता रही है, "सती होने को कह रही है...।"

सारी औरतें बड़ी तत्पर बेचैनी से समाचार एक-दूसरे तक पहुँचा रही हैं, "अरे, उसने तो सती होने की ठान ली है...रो नहीं रही, बिलकुल शान्त बैठी है...।"

और अब सारी घटना दूसरा मोड़ लेने लगी है। पड़ोस-से-पड़ोस, मोहल्ले-से-मोहल्ले, घर-घर में यह समाचार छतें, सड़कें, गलियाँ, दीवारें फाँदता-लाँघता बिजली के करंट की तरह दौड़ रहा है :

'...मोहल्ले में एक औरत सती होगी।'

'ठाकुर जवाहर सिंह की बहू सती होगी...।'

'समर नाम का लड़का था न, उसकी बहू सती होगी...।'

'एक हिन्दू स्त्री सती होगी...।'

जो सुनता है, जानने के लिए दौड़ रहा है; देखने, एक झलक पाने के लिए दौड़ रहा है—कहीं हमारे पहुँचने से पहले ही वह सती न हो जाए। जिसने सुना है, वही भागा चला जा रहा है। लोगों की लाइनें, भीड़ के काफिले, ठठ-के-ठठ...जो भी सुनता है, एक बार समाचार-वाहक को ऊपर से नीचे तक अविश्वास से देखता है और फिर झटके से चल पड़ता है, ''चलो-चलो, कहाँ है?''

समाचार को फैले मुश्किल से दो-ढाई घंटे हुए हैं लेकिन मेरे घर के आस-पास की भीड़ को देखिए! जैसे समुद्र उमड़ पड़ा हो, बाढ़ आ गई हो! दोपहर की चटकती धूप और आग उगलते सूरज से, आँखों पर हाथों की आड़ करके बचाते हुए मेरे घर की ओर देखते आदमी ही आदमी खड़े हैं—बच्चे, बूढ़े, जवान, स्त्री-पुरुष...भीड़ घर में घुस गई है, लोग पड़ोस के घरों पर चढ़ गए हैं। छज्जों, दीवारों, मुँड़ेरों, मोखों, जँगलों से चिपके चेहरे झाँक रहे हैं। शायद कुछ दिखाई दे जाए...इस बीच मेरी लाश स्टेशन से घर ले आई गई है...।

जो दूर पड़ रहे हैं, वे धक्के खाते हुए भीड़ की लहरों में बेबस-से इधर से उधर झूल रहे हैं। सब आपस में एक-दूसरे से पूछते हैं, ''क्या भाई साहब, इसी घर में है?''

लाचारी से जवाब मिलता है, ''हमें तो पता नहीं भाई, लगता तो यही है।''

सब विनम्र और सहनशील हो गए हैं। सबके चेहरों पर श्रद्धा-सहानुभूति और व्यस्तता के भाव हैं, आँखों में मुग्ध एकाग्रता का आतंक है, छाती में जिज्ञासा, तमाशबीनी और उत्सुकता है—भीतर डूबते 'कुछ ग़लत हो रहा है' के भाव के साथ...लगता है, जैसे सारा शहर यहीं उलट पड़ेगा...।

कभी कोई हिम्मती-दिलेर मेरे घर के दरवाजे की दिशा से भीड़ चीरता बाहर निकलने की कोशिश करता है, ''हटो भई, हटो, रास्ता छोड़ो, निकलने दो...।''

सारे लोग उससे प्रार्थना और अनुनय के स्वर में पूछते हैं, ''तुमने

देखा? आपने देखा भाई साहब?"

"हाँ...हाँ, एकदम चुप है। बिलकुल नहीं रो रही...और मुँह? अहा, क्या तपे सोने की तरह दमदमा रहा है! आँखों में तेज है। सती है साब, साक्षात् सती है! आज के जमाने में ऐसा सत हँसी-खेल नहीं है...।"

और फिर वही धूल-धक्कड़, शोर-गुल। चारों तरफ कैसी काँय-काँय, भाँय-भाँय मची है! भीड़ सागर की तरह हिलोरें ले रही है—गलियों, सड़कों, सभी से नदियाँ बही चली आ रही हैं...।

यहाँ जिस छत पर मैं इस समय खड़ा हूँ वहाँ से नजारा देखिए... अहा, क्या दृश्य है!—जैसे चींटियों के दल-के-दल उमड़ आए हों या काले रंग की बाढ़ आ गई हो...उसमें मेरा छोटा-सा मकान बिलकुल एक छोटे टापू की तरह हिचकोले लेता लगता है। आकाश पर यहाँ से वहाँ तक धूल और धुन्ध छा गई है।

अच्छा लौटें, अब फिर प्रभा की तरफ चलें। कुछ मेरी मौत के धक्के से, कुछ अम्मा की मार से और कुछ सारे वातावरण के बढ़ते कोलाहलपूर्ण दबाव से वह एकदम बेहोश, बेजान हो गई है। लेकिन उसे कैसे सुन्दर, जरी-गोटेवाले, लाल चमकदार कपड़े पहनाए गए हैं, हाथों में चूड़े और चूड़ियाँ हैं, माँग भरी गई है, सारे सौभाग्य-चिह्न सजाए गए हैं—सिक्कों और फूलों की वर्षा की जा रही है।

और उधर आँगन में बढ़िया अर्थी पर मेरी लाश रखी गई है! कितना क़ीमती रेशमी कपड़ा और शॉल डाला गया है, शायद हज़ारों का होगा। ज़िन्दगी में मैं और प्रभा ऐसे कपड़ों को छूने को भी तरसते रहे हैं। सचमुच हमारे यहाँ मरे हुए आदमी के भी कैसे मजे हैं। ढेर-के-ढेर फूल-मालाएँ मेरे ऊपर डाली गई हैं, मेरे ऊपर नहीं, मेरी लाश पर...कैसे सम्मान से लोग हाथ जोड़कर, सिर झुकाकर लाश को पूज रहे हैं! जब इसमें आत्मा थी तो सब इसे ठुकराते थे, और अब तो आप जानते ही हैं, आत्मा यहाँ आपके पास खड़ी इस सारे तमाशे को देख रही है...।

लीजिए, अब लाश उठ रही है। मंत्रोच्चार के बीच झालर, घंटे, घड़ियाल, काँसे की थालियाँ, बेलें, शंख एक साथ बजने लगे हैं, गुलाल फेंका जा रहा है। और सबसे ऊपर आवाज़ें गूँज रही हैं—'सती माता की जय! राम-नाम सत्त है, सत्त बोलो गत्त है...।'

जैसे-तैसे नियंत्रित की हुई भीड़ जैसे अब एकदम बेहाथ, अनियंत्रित हो गई है—बिखर उठी है। सब 'सती माता' के दर्शनों या चरण-स्पर्श के लिए एक-दूसरे पर चढ़े पड़ रहे हैं।

लेकिन प्रभा? प्रभा बेहोश है...मानो नशे में बेहोश है। दस-बारह व्यक्ति भीड़ के थपेड़ों से उसे बचाए दृढ़ता से घेरा डाले हुए हैं, बाँहों से पकड़कर उसे उठाए हुए हैं...।

और लो, मेरी अर्थी का विमान किसी राजा की सवारी की तरह, शान से गली के बाहर की ओर चल पड़ा है। अथाह भीड़ के उठते हुए कोलाहल, जय-जयकारों में मेरे घरवालों के रोने के स्वर डूब गए हैं। वही, 'राम-नाम सत्त है, सत्त बोलो गत्त है'। पूरी ताकत से गला फाड़कर उठा हुआ एक स्वर सबके ऊपर छा गया है—'सती महारानी की जय, हिन्दू धर्म की जय...।'

बड़े-बड़े धर्म-धुरंधर लोग अर्थी को उठाए हुए हैं। इधर-उधर, आस-पास शंख-घड़ियाल, झालर-घंटों की आवाज़ों के साथ चँवर झुलानेवाले चल रहे हैं। ये इतने सारे ताम-झाम कहाँ से निकल आए हैं? पीछे से कुछ लोग फूलों-खीलों की मुट्ठियाँ फेंक रहे हैं। शायद कुछ सिक्के भी हैं। दर्शन करनेवालों, चरण छूनेवालों के क्रूर और दबाव भरे स्पर्शों से बचाए रखने के लिए प्रभा को अर्थी के नीचे ले लिया गया है। छह-सात पुरुष और आठ-दस सुहागिनें उसे घेरे हैं। उसके बाद अर्थी को भीड़ के धक्कों से बचाए रखनेवाला पुरुषों का सुदृढ़ घेरा है। भीड़ के थपेड़े उन्हीं से टकराकर पीछे लौट जाते हैं...।

और अब अर्थी मुख्य सड़क पर आ गई है। आप ही देखिए, अर्थी के नीचे जो प्रभा चल रही है, दरअसल, वह चल नहीं रही है। बेचारी में खड़े हो सकने की भी शक्ति नहीं है। उसके संरक्षकों के बलिष्ठ हाथ, उसे कन्धों-बाँहों से पकड़कर उठाए हुए हैं, एक प्रकार से उसे लटकाए हुए हैं। जो कपड़े उसने पहने हैं या उसे पहनाए गए हैं वह इतने भारी, बड़े और ज्यादा हैं कि उनमें से उसके हाथ-पाँव-मुँह कुछ भी नहीं दिखाई दे रहे! लेकिन कपड़ों की रुकावट तो औरों के लिए है। मैं तो साफ देख रहा हूँ कि बाँहों और बगलों से लगातार इस तरह लटकाए हुए चलने की तकलीफ से वह कराह रही है। शायद उसकी समझ में ही नहीं आ रहा

कि यह सब क्या हो रहा है—उसका मस्तिष्क एकदम शून्य हो गया है। मुँह एकदम रक्तहीन है, दिल की गहराइयों को चीरकर उठती कराह होंठों पर ऐंठकर रह जाती है। कभी-कभी वह अपने आपको छुड़ाने के लिए कसमसाती भी है लेकिन धार्मिक हाथों की जकड़ उसे हिलने नहीं देती...अरे, यह क्या? उसके होंठों से निकलते अस्फुट स्वर में मैं सुन रहा हूँ, "मुझे छोड़ दो जालिमो, मुझे छोड़ दो...मुझे जिन्दा रहने दो...।" लेकिन उसकी ये आवाज़ें पर्दों में खो जाती हैं, सुहाग के कपड़ों में घुट-घुटकर ही रह जाती हैं। कपड़ों की दीवारों पर है धर्मांधों की शक्तिशाली सामूहिक पकड़। जब-जब वह प्रभा की ओर से ऐसा कोई प्रयत्न देखते हैं तो पकड़ मजबूत कर देते हैं, सारे दम से गला फाड़कर जय-जयकार करने लगते हैं। उनके साथ गूँजते हैं हज़ारों कंठ, देश और काल को पार करते हुए आक्रामक लाखों-करोड़ों जय-जयकार...इस सबके बीच प्रभा, एक औरत अकेली है और मजबूर है...।

छतों, मोखों, खिड़कियों, बारजों और जँगलों पर हज़ारों चेहरे आ चिपके हैं, कभी कोई मुट्ठी भरकर फूल फेंक देता है तो कभी रुपया-पैसा, कपड़ा...जो नीचे तक पहुँचते-पहुँचते पता नहीं कहाँ बिला जाता है। आसमान फटा पड़ रहा है—भीड़ है कि आफत, कहीं सूई घुसाने की जगह नहीं है। लोग भिंच रहे हैं, लोग गिर रहे हैं, कुचल रहे हैं, लेकिन एक बहाव, एक रेला है जो सिर्फ़ अन्धे, उन्मत्त हाथियों की तरह चला जा रहा है—गली, सड़क या इतिहासों की दरारों से रेंगता हुआ...।

अर्थी के बिलकुल सामने पचास-साठ व्यक्ति डंडा खेलते, नाचते हुए चलते हैं...क्रमबद्ध ताल के साथ झूम-झूमकर फिरकियाँ लेते हुए...यह रासलीला है, हरेक के माथे पर चन्दन-गुलाल और गले में मालाएँ हैं...।

आतंक, आश्चर्य, श्रद्धा, ईर्ष्या, दया-सहानुभूति, गर्व और विह्वलता की समवेत भावनाओं के फेन जैसे लहरों पर मचलते हुए करवटें ले रहे हैं। अर्थी से उठती हुई तेज इत्र की लपटें, अगरु और अन्य परम-पवित्र सामग्री का धूम्र सारे वातावरण को एक दिव्य मदहोशी दे रहा है...।

और चौड़े फीते की तरह सागर आगे की ओर सरकता है...।

अरे, यह क्या है? कुछ गड़बड़ जैसी लगती है। एक उन्मत्त व्यक्ति जैसे-तैसे भीड़ के इन थपेड़ों भरे लम्बे-चौड़े समुद्र को पार करके अर्थी

को घेरकर चलनेवाली दीवारों तक आ गया है। जिस-जिसको अपनी कुहनियों और हुंकारों से झपटकर वह एक तरफ गिरा या सरका देता है, वही सहमी और पीस डालनेवाली निगाहों से उसे घूरता है। 'कौन है यह जंगली? कौन है यह? है कौन?'...लेकिन मजबूती से एक-दूसरे के हाथ पकड़े, घेरा डाले स्वयंसेवकों की इस दीवार ने उसे रोक दिया है। क्रोध से धक्का देकर इस दीवार को चीरकर वह अर्थी तक पहुँच जाना चाहता है, लेकिन वहाँ फुफकारती आँखों और खूँखार हाथों ने उसे रोक दिया है। आख़िर साँसों, बिखरे बाल, फटे कपड़ोंवाला वह व्यक्ति सिर उठाकर ख़ूनी आँखों और लाचार निगाहों से अर्थी को घूरता है। तब तक ठीक उसी वेश और हुलिया में एक और व्यक्ति वहाँ तक आ पहुँचा है। ''रास्ता छोड़ो; हमें जाने दो...।'' दोनों गरजकर दहाड़ते हैं। शरीर पर जगह-जगह ख़ून और खरोंचों के निशान हैं। साफ है कि काफी जद्दोजहद, संघर्ष और धक्का- मुक्की के बाद ही ये यहाँ आ पाए हैं।

''कौन है? क्या टंटा है?'' एक साथ सैकड़ों कंठ क्रोध से गुर्राते हुए इन दो असभ्य पागलों को रोकते हैं।

''ऐं...ये तो शिरीष और दिवाकर हैं। अच्छा, तो तुम दोनों हो।''

दोनों सारा जोर लगाकर कहते हैं, ''उसे मत जलाओ। हम उसे ले जाएँगे। उसे मत मारो...।''

एक साथ जैसे ज्वालामुखी भड़क उठता है, ''मारो, सालों को! कौन हैं? कहाँ से आए हैं? मारो नास्तिकों को...कम्यूनिस्ट हैं साले... मारे-मारो...''

लात-घूसों और भीड़ में पता ही नहीं चलता कि वे दोनों कहाँ डुबा दिए गए। जय-जयकारों के घोष और भी ऊँचे हो गए हैं।

अर्थी अपनी मन्थर गति से चल रही है।

और अब आइए, यह अन्तिम दृश्य है।

काफी खुले मैदान में चन्दन की चिता बनाई गई है। इतना चन्दन...! नहीं भाई, इसमें आश्चर्य की कोई बात नहीं है। हमारे यहाँ वैसे चाहे कोई चीज हो न हो, धार्मिक उत्सवों के लिए सब निकल आता है। धर्मप्राण देश है न...ढेरों कपूर और मनों चन्दन से यह चिता बनी है।

वह सारी भीड़ जो अब तक कम-से-कम आकार में चौगुनी हो चुकी

है, बड़ा-सा घेरा छोड़कर चारों ओर खड़ी है—स्तब्ध, मंत्रबिद्ध। चारों तरफ धड़कते कलेजों में अगला दृश्य देखने की उत्सुकता से बँधी। चिता पर मेरी लाश लिटा दी गई और बगल में बैठी है प्रभा...देखिए, एकाध बार जो छूटकर भागने का उसका प्रयत्न बिलकुल स्पष्ट दिखाई दे रहा है, लेकिन वह बेचारी कमज़ोर और अकेली है और उसे पकड़कर रोकनेवाले हाथों की संख्या अनगिनत है। जल्दी-जल्दी लकड़ियाँ उसके चारों ओर चुनी जा रही हैं—जैसे अनारकली के लिए दीवार चुनी जा रही हो।

सुनाई दे रही हैं न, देवभाषा के पुण्य-श्लोकों की प्रतिध्वनियाँ, विवाहगीतों के समवेत स्वर...शंख और ढोल ढमाके...?

और वह भयानक क्षण निकट आता जा रहा है, लोगों के दिल उमड़कर आँखों में आ जमे हैं।

अरे, ये क्या...भीड़ के अभेद्य मंडल के चारों ओर वे दोनों पागल, बदहवास, बौखलाए से इधर-से-उधर भाग रहे हैं। लेकिन उनकी चीख-पुकार कोई नहीं सुनता...जैसे-जैसे निर्णायक क्षण निकट आ रहा है, उनकी हताशा और घबराहट बढ़ रही है...अब वे दर्शकों की धक्का-मुक्की में इधर-उधर भटकते और खुद दर्शक बने हुए किसी बहुत बड़े पुलिस अधिकारी से गिड़गिड़ाकर प्रार्थना कर रहे हैं, "बचाइए साहब, उसे बचाइए...वे लोग एक लड़की को जिन्दा जलाए दे रहे हैं और आप कुछ भी नहीं कर रहे हैं...हम आपके हाथ जोड़ते हैं, उसे बचाइए प्लीज...।"

झल्लाकर अधिकारी जवाब देता है, "हम क्या कर सकते हैं जी? वह औरत खुद अपनी रजामन्दी से जल रही है। हम कुछ नहीं कर सकते..." वह लाचारी से हाथ झटक देता है।

"लेकिन वह होश में नहीं है। उसे बिलकुल कुछ भी नहीं पता है, क्या हो रहा है! वह पागल हो गई है। नहीं साहब, अपनी रजामन्दी से वह नहीं जल रही, छूटकर भागने की कोशिश करते हमने उसे खुद देखा है, चाहें तो आप रोक सकते हैं...।"

"रोक सकते हैं!" बुरा-सा मुँह बनाकर अधिकारी घृणा से मुँह बिचका देता है। "और बलवा हो गया तो कौन जिम्मेदार होगा? नहीं जी, हम कुछ नहीं कर सकते? आप भीड़ का मूड नहीं देख रहे? दंगा

हो जाने का पूरा-पूरा ख़तरा है। आप तो कहकर जरा से में अलग हट जाएँगे...भीड़ हमारा भुर्ता बना डालेगी। बच गए तो बर्खास्त होंगे नौकरी से...''

और बहुत व्यस्तता का बहाना करके वह भीड़ में घुस जाता है। वे दोनों जैसे हक्के-बक्के खड़े हैं...।

प्रभा एक बार फिर जैसे सारा जोर लगाकर छूट भागने के लिए तड़पती है...लेकिन तभी अचानक चारों ओर से पत्थर जैसे भारी-भारी नारियलों और लकड़ी के टुकड़ों की बौछारें होने लगती हैं और फिर सहसा भक से कोई दियासलाई दिखा देता है—या शायद कलछी में पूजा के घी-कपूर को चिता पर फेंक दिया जाता है। शायद अमर है। और धक-धक करता कपूर चारों ओर से जलने लगता है। चारों तरफ जैसे एकदम लपलपाती लपटों का पर्दा तान दिया गया है...।

आग की गर्मी और झुलस से बचते हुए चिता के कर्ता-धर्ता पीछे हट गए हैं, और इतनी देर से इसी प्रतीक्षा में रुकी हुई भीड़ मानो बाँध तोड़कर चिता की ओर दौड़ पड़ती है। इस पुण्य-कर्म में अपना कुछ-न-कुछ योगदान रखने, हज़ारों लोग जो कपड़े, लकड़ी, चन्दन फूल लाए थे—अब एकदम अन्धाधुन्ध चिता पर फेंक रहे हैं, जैसे ऊपर से बारिश हो रही हो...धीरे-धीरे ढेर ऊँचा होता जा रहा है। धुएँ की जीभें, लपलपाती लपटों की नागिनों-सी इधर-उधर से निकलकर बल खाती ऊपर छलाँगें मारने लगती हैं...

'सती माता की जय' के कान-फोड़ नारे धरती-आकाश को एक किए हुए हैं।

और अब हज़ारों चर्चाएँ, किंवदन्तियाँ, विवरण इधर-से-उधर फैल रहे हैं—

'उसने हाथ मले और अपने आप आग जलने लगी...।'

'अग्निदेवता को हाथ जोड़े खड़े हुए मैंने खुद अपनी आँखों से देखा...'

'आग उसके तेज से अपने आप जलने लगी—अहा, माता ऐसे बैठी थी जैसे फूलों की सेज पर बैठी हो...।'

'अग्निपरीक्षा देती साक्षात् सीताजी थीं...।'

'हिन्दू धर्म का प्रताप है...।'

भीतर ही भीतर लोगों के दिल बैठे जा रहे हैं, लेकिन होंठों पर श्रद्धा की धधकती सीलें लगी हैं...वे झुक-झुककर प्रणाम-भाव से चिता की धूल उठा-उठाकर माथे से लगा रहे हैं—घर के लिए ले जा रहे हैं...सामने चिता से धुएँ के गुब्बारे, जो अब काफी बड़े-बड़े और घने हो गए हैं, आसमान की ओर छलाँगें और कुलाँचें भरते चले जा रहे हैं... चारों ओर ऊँची-ऊँची हवेलियों की खिड़कियों से माथे सटाए स्त्रियाँ सामनेवाले दृश्य को उदास और भयभीत निगाहों से ताक रही हैं...।

सूरज कहीं डूब गया है...और लीजिए, प्रभा मेरे पास आ खड़ी हुई है...।

3.10.87

वहाँ तक पहुँचने की दौड़

बस, उस सामनेवाली झाड़ी तक ही तो पहुँचना है...।

उसे लगता है, इस बार वह काफी सुरक्षित जगह आ गया है। इस खेत को पार करते ही पगडंडी और फिर झाड़ियों का झुरमुट...वहीं बैठकर वह कुछ देर सुस्ताएगा, तभी देखेगा कि गोलियों की खरोंचें, स्पलिंटर्स या टूटते मकानों के ईंट-पत्थर शरीर में कहाँ-कहाँ लगे हैं। अभी तक अपने बचे रहने पर आश्चर्य होता है। शायद कोई भी चीज किसी ख़तरनाक जगह नहीं लगी है, वरना वह तो वहीं ढेर हो जाता। उसने फिल्मों, टेलीविज़न में देखा है। उपन्यास-कहानियों में पढ़ा है। और सुन-समझकर ऐसा लगता है, जैसे उस सबको आँखों और चेतना से भोग भी चुका है : गोली या फटते गोलों के टुकड़े उछलते हैं, धूल-मिट्टी या दूसरी चीजों के परखचे उड़ते हैं और धुआँ साफ होते-होते तो आदमी मलबे का ढूह रह जाता है। इस तरह मरने से पहले अपने शरीर को ऐंठते और मरोड़ खाते खुद कितनी स्पष्टता से जी चुका है। वह दौड़ रहा है, जाने कितने घंटों और युगों से दौड़ता रहा है और अभी भी उसे सामने की झाड़ी दीख रही है, निरन्तर कम होती दूरी दीख रही है : इसी से क्या यह साबित नहीं होता कि वह मरा नहीं है?

पर सुनते हैं, लड़ने और भागने के दौरान जो चोटें महसूस नहीं होतीं, वे बाद में जिन्दगी भर टीसती रहती हैं। ऐसे समय तो एक ही उन्मत्त आवेश, एक ही उन्माद होता है, इस स्थिति से जैसे भी हो, बच निकलो...लेकिन इसके बाद गुज़री हुई स्थिति का बार-बार लौटता

आतंक, शरीर और चेतना पर लगे घावों का नस-तोड़ दर्द, खुली आँखों में मँडराता संत्रास—आदमी सिर्फ़ चारपाई पर पड़ा पागलों की तरह चीखता और कराहता है...क्या वह भी इसी तरह असहाय और अपंग...कहीं ऐसा तो नहीं होगा कि वह झाड़ी के नीचे बैठे और उठ ही न पाए...? या बैठते ही देखे कि चारों तरफ से हमलावरों ने उसे घेर लिया है और वह सिर्फ निरुपाय होकर मौत के नंगे पंजों का अपनी तरफ बढ़ना देख रहा है...? तब इस 'गुड्डी' का क्या होगा? कहीं वह झाड़ी भी तो दुश्मन को छिपाए उसकी घात में नहीं बैठी? फिर किधर जाएगा?...कोई-न-कोई रास्ता वहाँ भी निकलेगा—उसने अपने आपको समझाया।

पहले किसी तरह वहाँ तक पहुँचे तो सही—वह अपने आपसे बोला, और कम्बल में लिपटे बंडल को उसने और भी जोर से छाती पर चिपका लिया—इस तरह कि उस पर दबाव न पड़े; और तब धिक्कार में उसने अपने आपको गाली दी—देखो, वह सिर्फ अपने बारे में सोच रहा है, अपने शरीर और जीवन की चिन्ता कर रहा है और गुड्डी की बात एकदम भूल ही गया है। लेकिन इस क्षण वह और गुड्डी अलग कहाँ हैं? बल्कि इस समय जिस स्थिति से गुज़र रहा है, वह तो सिर्फ गुड्डी के ही लिए है। उसे अपने आपको नहीं, सिर्फ इस गुड्डी को सुरक्षित जगह पहुँचा देना है...किसी तरह इसे बचा ले, फिर भले ही झाड़ियों के नीचे ढेर हो जाए...मुन्नी, मैं अपने लिए नहीं, सिर्फ तेरे लिए भाग रहा हूँ...यह बात वह गुड्डी का नाम लेकर कहना चाहता था, लेकिन अचानक लगा, जैसे उसका नाम ही भूल गया...अरे, यह क्या हुआ? वह चौंककर सहसा ठिठक गया, इसका नाम मुझे क्यों नहीं याद आ रहा? उफ, क्या नाम है तेरा...? आयशा, मरियम, मीना...नहीं-नहीं, यह इसका नाम नहीं है। सचमुच ही अपनी बच्ची का नाम भूल गया क्या? कहीं उसकी याददाश्त तो एकदम नहीं खत्म हो गई? अब, अच्छा, मेरा अपना, खुद का क्या नाम है? अभी-अभी कुछ हुआ जरूर है उसके साथ! लेकिन फिर उसने जोर से सिर को झटका दिया और दौड़ने लगा...नाम-वाम पीछे याद आते रहेंगे, पहले वहाँ पहुँचो...जैसे भी हो... काश, वह झाड़ियों के भीतर जाकर पाए कि वहीं कोई और भी छिपा बैठा है...चौंक और डरकर वह

वहाँ से भी भागने की बात सोचे और तभी लगे कि वह एक औरत है...तब तो वह गुड्डी को उसे सौंप ही सकता है। हर औरत माँ होती है। वह ज़रूर इसे बचा लेगी। पाल देगी...लेकिन दोनों को ही आगे या वहाँ किसी ने पकड़ लिया या मार दिया तो? नहीं-नहीं, ऐसा नहीं होगा। जो इस मार-धाड़, गोलाबारी और अन्धाधुन्ध भाग-दौड़ में नहीं हुआ, वह वहाँ कैसे होगा? होना होता तो अभी तक हो जाता। अभी भी तो हो सकता है! और मान लो कि ऐसा चमत्कार हो कि वह औरत इसकी माँ ही हो, तो? वह तो शायद खुशी से वहीं मर जाएगी...अपनी गुड्डी को पाने की खुशी में जोर-जोर से रोने-धोने लगे, तो? इन औरतों के साथ यही मुसीबत है। बहुत खुश होंगी तो रोएँगी, बहुत दुखी होंगी तो रोएँगी...वह कमबख्त उस वक्त हम तीनों को पकड़वा देगी। पहचानते ही मैं उसका मुँह दबा दूँगा...।

ज़रूर वहाँ झाड़ी के पीछे कोई चमत्कार उसकी प्रतीक्षा कर रहा है, हज़ारों बार की तरह फिर एक विश्वास उसके भीतर एटम-बम के धुएँ जैसा कुकुरमुत्ते की शक्ल में आकार ग्रहण करता महसूस होता है। मान लो, ऐसा चमत्कार हो ही जाए और हम तीनों फिर से मिल जाएँ...? फिर तो दोनों माँ-बेटी मिलकर मेरी इन खरोंचों, घावों और बाहरी-भीतरी चोटों को अपनी सेवा से सँभाल लेंगी...भले ही वह फिर ज़िन्दगी भर चारपाई से न उठ पाए। उसने देखा कि वह एकदम असहाय और असमर्थ पड़ा है और माँ-बेटी चिन्ता से उसके आस-पास घूम रही हैं। कभी उसकी सेवा-सफाई करती हैं, कभी करवट बदलती हैं, कभी कुछ खिलाने-पिलाने के लिए सहारा देकर उठाती हैं...गुड्डी पास बैठकर उसे अखबार और किताबें सुनाती है, अपने और उसके बचने-भागने की पूरी कहानी विस्तार से सुनाती है, और भय, आतंक, आश्चर्य से आँखें फैलाए उस सबकी कल्पना करती है। सुनाते-सुनाते वह फिर इसी क्षण में लौट आता है। गुड्डी, मुझे तो विश्वास नहीं होता कि मैं तुझे लिये हुए इस सबसे गुज़रा हूँ...

गुज़रा कहाँ हूँ, सूअर, गुज़र रहा हूँ! उसने अपने को झकझोरकर फिर वापस हाँका। उल्लू के पट्ठे, यह समय भविष्य में जीने का नहीं, इस

क्षण को पार कर लेने का है, दहकते अंगारों की इस पट्टी को फलाँगकर दूसरी तरफ चले जाने का है। मान लो, आज या कल इस स्थिति से बचकर निकल भी गया तो क्या इसी बीच गुड्डी इतनी बड़ी हो जाएगी कि सेवा करते हुए तुम्हारी चारपाई के आस-पास घूमे? या बैठकर कहानियाँ सुने-सुनाए? डेढ़ साल की बच्ची, अभी पूरे वाक्य तो बोल नहीं पाती...कभी-कभी यह साली कल्पना भी कैसी प्रखर हो जाती है! कल्पना नहीं, सिर्फ़ इस क्षण से छूट भागने का बहाना। गुड्डी तो वह है जो इस फटकर चिथड़ा हो गए कम्बल में लिपटी तुम्हारे हाथ में है...पता नहीं, इसमें लिपटी साँस भी ले पा रही है या नहीं। बेहोश तो जरूर हो गई है...कहीं एकदम ही...और वह याद करने की कोशिश करने लगा कि घर से भागते हुए जब चौखट गिरी थी तो उसे मैंने अपनी बाँहों और कन्धों पर ही तो झेला था, गुड्डी को चोट कहाँ लगने दी थी। कन्धे से लेकर कुहनी तक बायाँ हाथ बहुत दर्द कर रहा है। कपड़े और खाल फटने की तो कोई चिन्ता नहीं, कहीं हड्डी ने टूट-टाट गई हो...अभी नहीं, अभी नहीं–उसी झाड़ी के नीचे बैठकर देखूँगा...कि क्या टूटा है, क्या बचा है...वहाँ बैठकर वह जरूर सुरक्षित साँस ले सकेगा...इस अन्धी और दिशाहीन दौड़ को समाप्त करके सोचेगा कि आगे क्या करना है। काश, उसे ज़रा दम लेने का मौक़ा मिल जाए... बस, फिर तो पचास मील आगे और दौड़ लेगा...।

लेकिन वहाँ से भी अगर पिछली दर्जनों बार की तरह भागना पड़ा तो? पता नहीं, कितना बार उसे लगा है कि उस दीवार की आड़ में सुरक्षा है, उस मोड़ को पार कर ले तो ख़तरे से बाहर हो जाएगा! इस गली के पास ही तो पुरानी इमारत का खँडहर है, उससे लगा कब्रिस्तान है, वहाँ ज़रूर साँस ले सकने की गुंजाइश मिलेगी। लेकिन हर जगह ही तो ख़तरा उसे और बड़ा होकर मिला है–खूँखार, पागल भेड़िए की तरह उस पर झपट्टा मारने को तैयार...कहीं उसे बहुत पास ही बूटों और लोगों के भागने की भारी धमकती हुई आवाजें मिली हैं, कहीं पहले से ही कराहकर दम तोड़ते कटे-फटे, सुरक्षा की खोज में भागे हुए उसी जैसे लोग मिले हैं, और कहीं उसके पहुँचने से पहले ही आकाश-पाताल को फोड़नेवाले धमाके हुए हैं। और सब कुछ ख़ूनी कौंध के साथ आँख-फोड़

विस्फोट से टुकड़ों-टुकड़ों में बिखर गया है। तब हर बार उसने गनीमत की साँस छोड़कर सोचा है—अच्छा हुआ, वहाँ नहीं था! वरना...बचपन में उसने बनैले सूअर को मारे जाते देखा था...चारों ओर से लोग भाले, गँड़ासे, कुल्हाड़ियाँ और डंडे लिये दौड़ते थे—ढोल बजाते, चीखते, पुकारते, हाँके लगाते...कभी-कभी तो फेंके हुए भाले की पूरी फाल पेट में लिये-लिये ही सूअर दौड़ता था...भाले के पीछे घिसटते डंडे के साथ ख़ून की धार छोड़ता हुआ, चिचियाता और चीखता हुआ...।

समझ में नहीं आता, कौन हैं जो यों एक-एक घर को फूँक रहे हैं, सभी कुछ तोड़े-फोड़े और तहस-नहस किए जा रहे हैं? कभी-कभी उसे लगता है, जैसे माहौल में 'हर हर महादेव' और 'अल्लाहो अकबर' का शोर हो रहा है, तो कभी लगता है, जैसे हमलावरों में जनेऊ और भारी मूँछोंवाले लोग हैं जो दहाड़ रहे हैं : नीच, कमीनो, ठाकुरों और ब्राह्मणों की बराबरी करोगे...हम एक-एक घर फूँक देंगे...बच्चे-बच्चे को चीर देंगे...कभी कहीं से सुनाई देता है : साला जनखा, बंगाली—हम पंजाबियों और पठानों के मुँह लगता है, तेरे काजी नजरुलसलाम और मुजीब की माँ...नहीं, नहीं, ये सब तो बहुत पुरानी पढ़ी-सुनी अख़बारी बातें उसे याद आ रही हैं...यह तो कोई और ही आफत है। शायद कुछ लोग कह रहे थे, शहर को दुश्मनों ने चारों तरफ से घेर लिया है, यह उन्हीं का हमला है...एक-एक घर की ईंट बजा देंगे...या शायद कोई यह भी कह रहा था कि अपनी ही हारी हुई फौजें पीछे भाग रही हैं। सब जानते हैं, हारी हुई फौजें, हमलावर फौजों से ज्यादा खूँखार होती हैं। वे अपने ही शहर, फैक्टरियाँ और पुल उड़ाती हैं। अपने ही रसद और हथियारों के गोदामों को आग लगाती हैं; फसलें, खेत, दुकानें जलाकर फूँक देती हैं और अगर बची रहीं तो अगले दिन मुनादी करा देती हैं, यह सब दुश्मन ने किया है...दुश्मन की फौजें अपने जैसे कपड़ों और निशानों में आई थीं...हाँ-हाँ, हमारे लिए तो 'दुश्मन' ही हैं, 'जीत की योजनाओं' में मारे जाते हों, या 'हार के बचाव में...' मरना तो हमें ही है, हमारे तो दोनों ही दुश्मन हैं। सरहदों पर बैठे हुए या सरहद बनानेवाले। शहरों, खेतों या पुलों की भी कैसी बदकिस्मती है...हर हालत में रौंदा उन्हें ही जाना है. ..लेकिन आज स्थायी सरहद रह कहाँ गई है? हारे हुओं की सरहद क्या

होती है? चाहे कितने पीछे सरकते जाओ, फुफकारते अजगर-सी सरहद उतनी ही पीछे दौड़ती आती है...।

मगर कहीं कोई दीखे या पहचान में आए तो कम-से-कम यह तो समझ में आए कि दुश्मन है कौन! अपने 'दुश्मन' हैं या बाहरी? यह भी तो याद नहीं आ रहा कि यह लड़ाई कब शुरू हुई थी, किन-किन के बीच शुरू हुई थी। अब तो चीजें कुछ-कुछ दीखती हैं, वरना जब 'हमला' हुआ था, तब तो बहुत ही अजीब हालत थी। आसमान में छाया हुआ गाढ़ा-गाढ़ा धुआँ, बीच-बीच में इधर-से-उधर उछाली जाती या फेंकी हुई टूटी-फूटी चीज़ें...किवाड़, कुर्सियाँ, शहतीरें या शरीर के हिस्से...लेकिन सबसे ऊपर एक-दूसरे के पीछे दौड़ते काले धब्बों और चकत्तों की शक्ल में निरन्तर और लगातार गूँजता एकरस शोर...पता नहीं चलता था कि यह शोर टैंकों, मोटर-गाड़ियों, हवाई-जहाजों का था या माहौल में गूँजती चीख-पुकार, नारों और दहाड़ों का मिला-जुला गड्डमड्ड शोर था...कभी बहुत ही पास, कभी कहीं बहुत दूर गूँजते धमाके और धड़-धड़, भड़-भड़ की कराहों के साथ गिरते मकान, फाटक, मीनारें या परकोटे की दीवारें...ऐसे में कोई किसे पहचाने? गौर से किसी भी चीज़ को देखने की फुरसत किसे है? सिर्फ़ ऐसा लगता था जैसे दिमाग़ में किसी भारी चक्की का इंजन चल रहा है और उसे बन्द करने का स्विच टूट गया है : देखते रहो, कुछ पता ही नहीं चलता कि आख़िर देख क्या रहे हो। मानो दूसरी और चीज़ों की तरह देखने और समझने को जोड़े रखनेवाले सारे तारों को किसी ने डायनामाइट से उड़ा दिया है, और वहाँ सिर्फ़ लगातार गूँजती मशीनी थर्राहट और साँय-साँय गोलियों-सा गुज़रता कुछ है...जो मौत को देखकर डरे हुए कुत्ते-सा रिरियाता-भौंकता है। भागो-भागो, यह जगह ठीक नहीं है, इस जगह ख़तरा है; यहाँ से भागो। देखो, उधर से कोई आ रहा है। उस दीवार के पीछे बन्दूक की नली-सा कुछ दीखता है...धाँय की आवाज़ के साथ ही चीख़कर कोई लुढ़क जाता है...कहीं भी जाओ, किसी की भी आड़ लो, लेकिन यहाँ से भागो...।

हर क्षण लगता है, यहाँ नहीं, वहाँ...वहाँ नहीं, उधर। बिना चेहरे के कुछ लोग हैं; लेकिन दहकते शोलों-सी आँखें हैं, हाथों में ख़ून-सनी संगीनें लिये दल-के-दल पीछा कर रहे हैं, इधर-से-उधर दौड़ रहे हैं। लोग नहीं,

सिर्फ़ संगीनें, आँखें और भारी-भारी बूट हैं जो धमाधम हर गली, हर मोड़, हर दरवाज़े और हर चौराहे पर खड़े हैं...कुछ लाइन लगाकर सीढ़ियों पर चढ़-उतर रहे हैं, कुछ निशानों की ताक में खिड़कियों से झाँक रहे हैं। घिर गया हूँ...घिर गया हूँ...अब कोई बचाव नहीं है, अपने आपसे वह कहना चाहता है, लेकिन सिर्फ़ एक रिरियाहट भीतर से उभरती लगती है। क्या कोई उसे अपने लिए नहीं, अपने लिए कतई नहीं, बस सिर्फ इसलिए माफ नहीं करेगा कि वह निरीह, निरपराध बच्ची को बचाने के लिए ही भाग रहा है...वह न कुछ चुराकर भाग रहा है, न उसका इरादा किसी को नुकसान पहुँचाने का है। चेहरों पर इन लोगों ने चढ़ा क्या रखा है? किसी का अलग से कोई नाक-नक्श पहचान में ही नहीं आता, सब एक जैसा थोबड़ा चढ़ाए हैं। अगर इस तरह के ढाटे न बाँधे होते तो हो सकता है, किसी को पहचान ही लेता...हो सकता है, उनमें कोई उसका परिचित होगा। सभी तो बाहर से आए हुए नहीं होंगे...कुछ तो यहीं के, हो सकता है, उनके पास-पड़ोसी ही हों, और उसे जानते हों। मगर यह पता कैसे लगे?...मान लो, इधर-उधर से, सामने-पीछे से आँखों, संगीनों, भालों-गँड़ासों और बूटों का एक झुंड अचानक घेर लेता है, तो वह क्या करेगा? कम्बल लिपटे बंडल को आगे बढ़ाकर घिघियाते हुए भीख माँगेगा—भाइयो, मुझे मत मारो, मैं अपने लिए नहीं, इस बच्ची के लिए इधर-से-उधर जान बचाता भाग रहा हूँ, इस पर रहम करो...इसने किसी का कुछ नहीं बिगाड़ा... बिगाड़ा मैंने भी नहीं है, लेकिन इसे तो अभी कुछ भी करने-न-करने का मौका ही नहीं मिला...लेकिन वे लोग उसकी गिड़गिड़ाहट सुनेंगे? उसकी बात का विश्वास करेंगे?...नहीं, उनमें से एक संगीत या बर्छी झपटकर उससे बंडल छीन लेंगे और फिर वे उसके सामने ही उसे गेंद की तरह इधर-से-उधर उछालेंगे...संगीनों और भालों पर रोकेंगे...कुछ देर वे मनोरंजन करेंगे और फिर धाँय की एक आवाज़ के साथ सभी कुछ समाप्त हो जाएगा... ।

और इस भयानक कल्पना के बाद वह और भी बेतहाशा भागा है। कहीं यह कल्पना एक चालाकी ही तो नहीं है?—एक हलका-सा सवाल उसके भीतर उठा है; क्या ऐसा तो नहीं है कि वह भीतर से जानता है कि गुड्डी मर चुकी है, अब उसको दिखाकर, हमलावरों की दया

उभारकर वह अपने आपको बचा लेना चाहता है?...अपनी जान बचाने के लिए गुड्डी की लाश का इस्तेमाल कर रहा है? इस प्रश्न ने उसे भीतर तिलमिला ज़रूर दिया था...लेकिन भागने में कहीं कोई ढील नहीं आई थी। उसकी दौड़ और जोर से जारी रही...कभी लेटकर ज़मीन पर घिसटते हुए, कभी घुटनों के बल, और कभी तीर की तरह...सिर्फ़ एक जगह, अँधेरी-सी गली में, मलबे और कूड़े के ढेर के पीछे उसे पल भर का अवसर मिला था। उसने बंडल ज़मीन पर रखकर थरथराते हाथों से कमीज़ उतार डाली थी, उसकी बाँहें फाड़ डाली थीं, कमीज फिर से पहनकर बंडल छाती से चिपकाया था और ऊपर-नीचे बाँहों को रस्सियों की तरह बाँध लिया था ताकि बंडल कमीज़ के अन्दर और ऊपर-नीचे से सुरक्षित रहे। बड़ी अजीब, सुखद, सान्त्वना देती-सी गर्मी उसे छाती पर महसूस होती रही थी। और इस तरह उसके दोनों हाथ खाली हो गए थे। लेकिन भागते हुए वह दोनों हाथ वहाँ रखकर बंडल को साध लेता था। ज़मीन पर रेंगते हुए उसे बचाकर कुहनियों और घुटनों के बल सरकता था और उसे हर समय लगता रहता था, जैसे ऊपर और नीचे पेटियों की तरह कसी कमीज़ की बाँहें ढीली हो गई हैं और बंडल अब सरककर गिरने ही वाला है...नहीं, वह उसे गिरने नहीं देगा। जैसे भी हो, उसे तो कहीं बचाव की जगह पहुँचा ही देना है (काश, आदमी के पास भी कंगारू की तरह की ऐसे अवसरों के लिए एक थैली होती...) शायद इस तरह अलग शब्दों में वह सोचता भी नहीं था। उसकी सम्पूर्ण चेतना में समाई हुई निश्शब्द और अनकही स्थिति ही यही थी...लेकिन इसके साथ ही दो बातें और दिमाग़ में आई थीं...हाथ में सामने बच्ची रहती है तो हमला करनेवाला एक बार सोचता है। हो सकता है, वह खुद भी बाल-बच्चोंवाला हो और अपने भीतर दया महसूस करे...अब तो किसी को कुछ पता ही नहीं चलेगा कि उसके पास कोई बहुत नाजुक, नन्ही-सी धड़कती जान है। फूली हुई कमीज़ के भीतर तो कुछ भी हो सकता है, चुराकर उठाई गई चीज़, कोई क़ीमती सामान या दूसरों को मारने के लिए कोई गोला-बारूद या दुश्मन की ख़बर कहीं अपनों तक पहुँचाने के लिए वायरलेस सेट...यानी इससे ख़तरा और बढ़ गया है। दूसरी बात पर उसने खुद अपने आपको धिक्कारा...बच्ची मर तो गई ही है, बेजान शरीर और

मिट्टी के ढेले में फ़र्क़ क्या है? अगर किसी ने सामने से संगीन, भाला या ऐसी ही कोई चीज़ मारी तो हो सकता है, उसके अपने शरीर तक पहुँच ही न पाए...लेकिन इस विचार के साथ ही ग्लानि का एक ऐसा ज्वार उसे अपने भीतर उमड़ता लगा कि मन हुआ, वहीं ढहकर बैठ जाए और चीख़- चीख़कर पुकारे—आओ, आओ, मुझे मारो, मारो, मुझे गोद दो, संगीनों और गँड़ासों से मेरी बोटी-बोटी काट डालो। मेरे पास बचाने के लिए कुछ है, इस बात पर बिलकुल रहम मत करो...तुम्हें क़सम है जो मेरा रेशा-रेशा न बिखेर दो...मैं नीच, कायर, इसे भी इस्तेमाल करना चाहता था...इसे... मेरे ऊपर थूको, रहमदिलो...।

पता नहीं, कितनी बार यह बात उसके मन में आई कि इस आतंक और तनाव के नस-नस तोड़ देनेवाले दबाव को वह कितना देर और बर्दाश्त करेगा? क्यों नहीं यहाँ पड़कर दम तोड़ देता? क्यों नहीं लोगों के सामने जाकर भीख माँगता : मेरे ऊपर दया करो। मुझे मार दो...इस अन्धी दौड़ से मैं तंग आ गया हूँ, जहाँ न कोई बचाव है, न रास्ता, न मौत है, न भागने की दिशा...तुम्हारे हाथ की ज़रा-सी हरकत से मैं मुक्त हो जाऊँगा...मुझे ज़िन्दगी नहीं, सिर्फ़ इस यातना से मुक्ति चाहिए... इस संत्रास से खींचकर मुझे बाहर निकाल दो...मैं तुम्हारा बहुत-बहुत शुक्रगुजार रहूँगा। बहुत बार तो सचमुच उसे खुद डर लगा कि कहीं वह ऐसा कर ही न डाले और अपने को ले जाकर उनके सामने न फेंक दे—या पुकारकर उन्हें ही न बुला ले...नहीं जानता, उसे ऐन मौके पर कौन रोक लेता था—अपनी कायरता या इस...इस गुड्डी को बचाने की इच्छा...।

उसे लगता है, जैसे एक अन्धविश्वास उसके भीतर, उसके अस्तित्व में समाया हुआ है—वह अब तक बच और भाग इसीलिए पा रहा था कि उसके पास यह 'बंडल' है। वरना ऐसे हालात में, उसके यूँ बचे रहने का, इधर-से-उधर भागने की जी-तोड़ कोशिश या अपने भीतर उस शक्ति को पाने का कोई कारण है? उसके भीतर मर-मरकर जीता हुआ यह बल इस 'बंडल' के साथ होने का है या इस अनकहे निर्णय या कसम का कि यह है, तो इसे बचाना ही है? हर क़सम क्या मुक्का तानकर ही खाई जाती है? कुछ क़समें, आपके अनचाहे-अनजाने आपके अस्तित्व में अपने आप एक रूप नहीं ले लेतीं? बल्कि वह क़सम और आप अलग

नहीं होते...ऐसे संकटों में तो क़सम है, इसीलिए आप होते हैं, चूँकि यह क़सम शब्दों का आकार देकर आपके 'होने' से अलग नहीं कर दी जाती, इसलिए 'अन्धविश्वास' जैसी लगती है...।

पता नहीं, कितनी बार उसे लगा है कि अब उससे एक इंच नहीं सरका जाएगा, अगला पाँव उठा सकना असम्भव है, लेकिन कोई है जो उसे पीछे से धकेल देता है—सामने से खींच लेता है! गुड्डी के नाम पर वह एक बेजान बोझ को व्यर्थ ही तो नहीं ढोए फिर रहा? कई बार उसने अपने से पूछा है। इसमें अब कुछ नहीं रखा, इसे एक तरफ फेंको और हलके होकर देखो, इस स्थिति में क्या हो सकता है! मगर फिर फ़ौरन ही दूसरी आवाज़ उभरती है—मरी नहीं है, मरी नहीं है, सिर्फ बेहोश हो गई है। मर गई होती तो उसकी सारी शक्ति उसी क्षण चुक गई होती...उसके भीतर की वह शक्ति उसे बचाने की यह आस्था गुड्डी ही तो दे रही है, उसकी अपनी तो नहीं है, कहीं और से ही आ रही है। एक बार तो शायद ऐसा हुआ भी था (देखो, साथ-साथ घटित होती हुई बातों को वह कैसे भूलता चलता है, पता ही नहीं कि हुआ था या सिर्फ़ सोचा था!) कि टूटे हुए किवाड़ के नीचे उसने बहुत आहिस्ता से बंडल सरका दिया था, और वह अपने को तोड़कर वहाँ से हट आया था। पर फिर उसे लगा, इतने मलबे, लाशों में आज नहीं तो कल, कुत्ते-बिल्ली ज़रूर अपना भोजन तलाश करेंगे। कौन छोड़ देगा इस मुलायम और स्वादिष्ट भोजन को? दूर ओट से खड़े होकर गठरी को ताकते हुए उसे लगा था, जैसे उसमें हलकी-सी जुम्बिश हुई है। और फिर उससे रहा नहीं गया। दुगुने वेग और आवेग से उसे उठाकर छाती से चिपका लिया और तब आसपास के प्रति झटके से संयत होकर एक तरफ़ भागा...।

अपने आप पर उसे बेहद आश्चर्य भी होता है : इतना प्यार, इतना लगाव और गुड्डी को बचा लेने की ऐसी अदमनीय, उद्दाम भावना उसके भीतर कहाँ छिपी थी? यह सही है कि 'बाप' होने के बाद उसने अपने भीतर ऐसे अनेक परिवर्तन पाए थे, जिनकी उसने कल्पना भी नहीं की थी। लोगों के प्रति उसका रवैया कुछ अजीब ढंग से कोमल हो गया था। पहले वह चीजों और बातों को सिर्फ़ अपनी निगाह से ही देखता था, निर्द्वन्द्व और लापरवाह था, लेकिन गुड्डी के बाद ऐसा नहीं कर पाता

था। जैसे उसकी कल्पना-शक्ति एकदम उर्वर हो गई थी। पहले वह लोगों और स्थितियों को सिर्फ़ इकहरा और इकलौता देखता था; अब उनके पीछे बहुत-कुछ दीखने लगा था। हर व्यक्ति जैसे एक झरोखा था और उसके पार वह एक निहायत परिचित, अपने जैसे संसार को देखता था, कहीं उसमें हिस्सा लेता था। उसके साथ उसका अतीत और भविष्य भी दीखता था। हर बच्चे के पीछे कहीं एक छोटा-सा घर, उसके माँ-बाप, भाई-बहन दीखते थे। अपने इस बदलाव से वह भीतर ऐसा भरा-भरा महसूस करता था कि खुद-ब-खुद उसका मन कुछ भला और अच्छा करने को करता; ख़राब और बुरा करने की बात सोचते ही कोई उसका हाथ पकड़ लेता। शरीर-विज्ञान की यह मशीनरी बायोलॉजिकल प्रक्रिया और उसका परिणाम इस तरह के आध्यात्मिक और भौतिक कायाकल्प करती है, जैसे इस अनुभूति ने भीतर से उसे बहुत समृद्ध और उदात्त कर दिया था। बाप होना सिर्फ एक घटना नहीं, मानसिक जीवन का एक बहुत ही महत्त्वपूर्ण मोड़ है, इस पर उसका मन घंटों बोलने को करता, लेकिन जब बोलने लगता तो खुद कानों को वे बातें वैसी ही साधारण और रोजमर्रा की लगतीं, जैसी सब लोग बोलते हैं। तब वह झेंप जाता। अक्सर झुँझलाता भी कि ये झिझक, झेंप, आगा-पीछा सोचना, हर चीज़ को दूसरों की निगाह से देखना, जाने कितनी फालतू किस्म की बीमारियाँ उसे लग गई थीं, जिन्हें पहले उसने कभी नहीं जाना। घर से बाहर निकलता तो गुड्डी मानो एक तार उससे बाँध देती। वह कहीं भी रहता, उस तार का खिंचाव लगातार महसूस होता रहता।

हालाँकि एक अफ़सोस भी उसे कम नहीं था : सारे दिन में उसके साथ बिताने के लिए मुश्किल से घंटा-आध घंटा निकाल पाता होगा। हर क्षण एक चीज़ को महसूस करते रहना और सबसे कटकर केवल उसी के साथ होना दो अलग बातें हैं...वही अपने काम, इधर-उधर की भाग-दौड़, दोस्त, राजनीति या अपनी ही योजनाओं में उसके पास घर के लिए समय ही कहाँ होता था—यह सारे समय तुम्हारे लिए ही टुकुर-टुकुर देखती है। जब तक आते हो, थककर सो जाती है! उसकी माँ शिकायत करती। और तब अपने सारे मानसिक कायाकल्प के बावजूद वह अपने आपसे सीधा सवाल पूछ लेता—सचमुच, उसके मन में

पिता जैसी कोई भावना भी है या सिर्फ़ उसने एक भ्रम पाल लिया है? गुड्डी की माँ तो आरोप करती ही थी, लेकिन वह खुद शंका करता था कि क्या सचमुच 'बाप' जैसी कोई भावना उसमें है भी? दूसरों को देखकर यह बात और शिद्दत से उठती—कैसे वे बच्चों को लेकर दुलारते हैं, बातें करते हैं, अक्सर उन्हीं के बारे में बोलते रहते हैं, घंटों का समय निकालकर उनके साथ खेलते-घूमते हैं, और तब अपने को धिक्कारता कि वह अपनी बच्ची के बारे में इस तरह क्यों नहीं बोल पाता? वह यही मानकर क्यों सन्तुष्ट और शान्त रहता है कि गुड्डी है और घर में खेल रही है? औरों जैसा उसके भीतर वह सब कुछ क्यों नहीं उमड़ता? ज़रूर उसकी बनावट में कुछ कसर है, वरना ये सारी इच्छाएँ तो बहुत स्वाभाविक हैं। लेकिन अब अचानक ही यह प्यार, यह अपने आपको झोंककर गुड्डी को बचा लेनेवाला 'बाप' उसके भीतर कहाँ से फूटकर बाहर निकल आया है? और इस समय तो ऐसा लगता है, जैसे वह क्षणों और टुकड़ों में नहीं, अपने पोर-पोर में, अपनी सम्पूर्णता में मुजस्सिम बाप है। हो सकता है, इस क्षण को पार करके वह बच जाए। किसी तरह इसे बचा ले, सब कुछ पहले जैसा शान्त और व्यवस्थित हो जाए, कहीं से पत्नी भी सुरक्षित आ मिले और सारा जीवन पहले की तरह चल निकले, तब क्या वह फिर से अपनी उसी दुनिया में नहीं लौट जाएगा? वही जीने और जीविका की समस्या, वही दोस्तों और देश की राजनीति, वही सुबह से शाम तक की भागदौड़, वही रात देर-देर से आना...शायद उन सबमें उलझकर, दिन के चौबीस घंटों में उसे कभी खयाल भी नहीं आएगा कि वह 'बाप' भी है, उसकी एक बच्ची भी है। है तो है, उसके लिए क्या चौबीस घंटे गले में तख्ती लटकाकर घूमता रहे?...यह सही है कि उन भीषण क्षणों से गुज़रकर ऐसी लापरवाही तो वह नहीं दिखा पाएगा, लेकिन इस क्षण, काश, 'वह' औरत देखती कि कैसे मैं अपने रेशे-रेशे से 'बाप' हूँ। उसे अपने पर गर्व हुआ और न जाने किन अदृश्य लोगों को सम्बोधित करके उसने कहा—गधो, चौबीस घंटे अपने को बाप-बाप कहना, बच्चों से खिलवाड़ करके अपने को ताज़ा कर लेना—तुम्हारा अपना अहंकार और स्वार्थ है! जब तुम बच्चों के प्रथम आने पर, इनाम जीतने पर, लोगों पर चकित कर देनेवाली प्रतिभा या कला पर

फूलकर उनके साथ तसवीरें खिंचवाते हो, उस समय तुम 'बाप' बिलकुल नहीं होते, बाप का गौरव भोगते उस समय निहायत स्वार्थी और दम्भी व्यक्ति होते हो, और बच्चे का 'कमाल' तुम्हारे इस दम्भ को सींचने का बहाना होता है! वह सिर्फ़ खाद होता है, जिसे खाकर तुम पौधे की तरह इठलाते हो। उस समय तुम बच्चे पर गर्व नहीं करते—तुम्हें सामाजिक प्रतिष्ठा देने का एक जीवित माध्यम तुम्हारे अपने पास है, इस पर गर्व करते हो...मूर्खों, आदमी 'बाप' ज़िन्दगी के सिर्फ़ ऐसे ही कुछ क्षणों में होता है—सम्पूर्ण और अखंडित...ठीक उन्हीं क्षणों में जब औरों के लिए वह बिलकुल 'बाप' नहीं होता...।

लेकिन बिना किसी द्वन्द्व, शंका या दुनिया के क्या ठीक ऐसा ही उसके साथ नहीं हुआ है? क्या उसके मन में इस स्थिति से बचने की बात नहीं आई थी? जब पागलों की तरह सायरन चीख़ा था और माहौल में जैसे हज़ारों घंटे-घड़ियाल बजने लगे थे, विराट चक्की चलने का शोर चारों तरफ गूँजने लगा था—उस समय उसने क्या एकदम वैसा ही व्यवहार किया था जैसा इस क्षण सोच रहा है? तब क्या वह बौखलाया-सा, घबराया, छिपने की तलाश करता इस कमरे से उस कमरे में नहीं भागा था? और जब अचानक गोलियाँ चलने और गोलों के फटने के साथ, लोगों की चीख़-पुकार, रोने-धोने की आवाज़ें आने लगी थीं, तो क्या वह दौड़कर बड़े-से पलंग के नीचे ठीक वैसा ही औंधा नहीं जा लेटा था, जैसा कि बताया गया था—कुहनियों के बल थोड़ा-सा उठा हुआ, कानों में उँगली दिए हुए? इस बीच एक क्षण भी गुड्डी का ख़याल आया? वह तो बाद में, बहुत बाद, जब उसने अपने आपको सुरक्षित होने का आश्वासन दे दिया, तो झटके से चौंका—अरे गुड्डी? तब भी क्या पहली बार यही नहीं सोचा था कि आदमी में जीने की, बचाव की आदिम इच्छा बहुत प्रबल होती है, वह ज़रूर कहीं-न-कहीं आड़ की जगह चली गई होगी। जब यह सब गुजर जाएगा तो उसे कहीं-न-कहीं से ज़रूर खोज निकालूँगा! इस समय अपनी जगह छोड़कर बाहर निकलना ख़तरनाक है। मगर फिर उससे वहाँ लेटे नहीं रहा गया था और वह फटे-भर्राए गले से 'गुड्डी' पुकारता इस तरह भागा था जैसे जलते घर में भागते हों...बक्सों के पीछे गुड्डी दबी-दुबकी बैठी थी। उसने सहमे, भयभीत खरगोश जैसी उस

चीज़ को उठा लिया था और फिर वापस अपनी जगह आ लेटा था, अपने को उस पर बिछाए हुए—लेकिन बोझ सँभाले। तब उसे उसकी माँ का ख़याल आया था। पता नहीं, कमबख्त कहाँ चली गई है! अब याद ही नहीं आ रहा, क्या कहकर गई थी। उस उल्लू की पट्ठी को नहीं पता था क्या, कि बाहर की हालत क्या है?

...काश, इस समय वह भागती-हाँफती कहीं से प्रकट हो जाए तो उसे उसकी अमानत सौंपकर जान छुड़ाए...इस वक्त 'बाप' वह ज़रूर है, लेकिन, गुड्डी को सौंपना तो उसे ही है, यह अमानत उसी की है। सारे लगाव, भय, परेशानी और चिन्ता के बावजूद वह इस बात को एक क्षण नहीं भूल पाया था! हर क्षण लगता था कि किसी भी पल वह आ सकती है...झुँझलाहट भी होती थी कि क्या झंझट छोड़ गई मेरे लिए...।

फिर तभी रोशनदान, काँच की खिड़कियाँ, किवाड़ जोर के धमाकों से हिलने और भड़भड़ाने लगे थे, चारों तरफ काँच के टुकड़े उछलने लगे थे। छत और दीवारों के टुकड़े, धूल और धुआँ, सीमेंट के ढोके धड़-धड़ बरसने लगे थे और अचानक चारों तरह अँधेरा-सा छा गया। अभी तक उसके भीतर एक विश्वास पल रहा था, आस-पास की बिल्डिंगों और मकानों पर हमले हो सकते हैं, बम और गोलियों की जद में सब कुछ आ सकता है, लेकिन उसका अपना घर अछूता रहेगा...लेकिन अब कहीं उसके भीतर के चौकन्ने पशु ने सूँघ लिया था : यहाँ से जितनी जल्दी हो सके, भाग निकलो...घिर जाओगे, निकलने का कोई रास्ता नहीं रहेगा। यही क्षण है, सब कुछ तोड़ो और भागो। बाहर सिर्फ़ एक हमला होता है और अगर वह आपकी अपनी किलेबन्दी को तोड़ देता है तो आपके बचाव की अपनी सारी चीज़ें, एक-एक करके आपके ऊपर हमला करना शुरू कर देती हैं। दुश्मन को दूर रखनेवाले सारे तरीके आपको खुद घोंटकर मार डालने को आपके सामने आ खड़े होते हैं। अपनों से आप बचकर कहाँ जाएँगे?

वह फुर्ती से, आहिस्ता, सरककर बाहर आया, चुपके से खींचकर पलंग पर पड़ा कम्बल उठाया, जल्दी-जल्दी उसमें बंडल की तरह गुड्डी को लपेटा और फिर बगटुट भागा—बाहर...और बाहर निकलने से पहले ही वह चौखट गिरी थी, जिसे उसने दोनों बाँहें उठाकर कन्धों पर झेलने

की कोशिश की थी...तब जैसे बेबस भाव से बंडल उसके हाथों से सरककर नीचे जा गिरा था, उसके दोनों हाथ लुंज की तरह झूल आए थे। लगा कि अब ज़िन्दगी भर कभी कोई चीज़ नहीं उठा पाएगा। पहली बार तो कई क्षण अँधेरी आँखों के आगे तारे नाचने लगे थे और खड़े रहना मुश्किल हो गया था...फिर पता नहीं कैसे, उसने झूलते हाथों को साधकर बंडल सँभाला था। अचानक तब उसके भीतर एक नया आदमी उठ खड़ा हुआ था...जो 'गुड्डी' का 'बाप' था!

अब तो लगता है, वह काफी सुरक्षित जगह आ गया है, अंगारों में दहकता, भट्ठी-सा नरक कहीं पीछे छोड़ आया है...वह खेत, वह पगडंडी और फिर वह झाड़ियों का झुरमुट...फिर शायद कोई ख़तरा नहीं रहेगा। वहीं बैठकर वह सुस्ताएगा...तब फिर इस सारे भयानक दृश्य को दुबारा जिएगा–अभी तो सिर्फ वहाँ तक भागना है, जैसे भी हो...।

लेकिन इसका क्या यकीन कि वहाँ पहले से कोई ख़तरा उसकी ताक में नहीं बैठा? सैकड़ों बार टूटकर, धोखा खाकर भी क्यों ऐसे विश्वास फिर-फिर मन में सिर उठाते हैं? क्या इसी भ्रम में वह अब मौत के जाल में फँसे एक चूहे की तरह इधर-उधर नहीं भागता फिरता है? क्या उसे अभी भी ऐसा महसूस होता जैसे सुरंगों की एक भूलभुलैया के बीचोबीच वह दिग्भ्रांत-सा खड़ा है, बाहर निकलने की पागल उत्तेजना में कभी वह एक सुरंग में भागता है और आगे जाकर पाता है कि वहाँ रास्ता बन्द है, फिर वापस लौटता है और दूसरी में दौड़ लगाता है...जहाँ सुरंग बन्द होती है, वहाँ उसे भयानक बदबू आती है, जैसे कुछ लोग वहाँ पहले भी पहुँचे होंगे और हताश होकर वहीं दम तोड़ बैठे होंगे...सड़ी हुई लाशों की बदबू देर तक उसका पीछा करती है...मैं भी शायद कहीं पस्त होकर लाशों के ढेर में एक हो जाता...मेरी बदबू भी शायद इसी तरह निकास के रास्ते की खोज में भटकनेवालों के पीछे फेंके हुए नाग-पाश-सी लपकती...अगर मेरे पास...यह गुड्डी न होती...जरूर इन लोगों के पास 'बचाने' के लिए कुछ न रहा होगा...हो सकता है, ये भी गुड्डी जैसा कुछ-न-कुछ लेकर घर से भागे हों, और रास्ते में हारकर इधर-उधर फेंक दिया हो...नतीजे में उनकी सारी जीवनी-शक्ति इकहरी रह गई हो–तभी तो चुक गई!

लेकिन आख़िर, मैं भी इसे या अपने को बचाकर क्या कर लूँगा? ज़िन्दा रहकर ही क्या होता है? लाखों-करोड़ों लोगों में एक गुड्डी या एक मैं—रहे, न रहे...फ़र्क़ कहाँ है? अपने आपको या गुड्डी को संसार की सबसे क़ीमती चीज़ मानकर बचाए रखने के मोह से छुटकारा पाना ही इस यातना से बच निकलना है। इस बंडल ने उसे शक्ति दी हो या न दी हो, लेकिन भीतर से कमज़ोर ज़रूर बना दिया है। जैसे अभी ही उसके भीतर प्रार्थना जैसी कुछ गूँजने लगी थी—हे भगवान, तुम्हें मैंने कभी नहीं माना, आज सच्चे मन से प्रार्थना करता हूँ, उसे बचा लो! इसे सुरक्षित कहीं पहुँचा दो...अगर इस बार यह चमत्कार हो गया तो सारी ज़िन्दगी भगवान का विश्वास फैलाने में लगा दूँगा...वह है, ज़रूर है। उसने मेरी गुड्डी को बचाया है...या अगर मैंने इस खेत को किसी तरह पार कर लिया तो मान लूँगा कि मेरा कोई कुछ नहीं बिगाड़ सकता...उस झाड़ी का आकार दूर से बिलकुल मन्दिर के कलश जैसा दीखता है...।

उसे सचमुच ऐसा लगता रहा है जैसे वह हर सड़क पर दौड़कर उसी एक चौराहे पर निकल आता है। क्या सारे समय वह इसी चौराहे के आसपास घूमता रहा है, घूमता रहेगा? क्या उसकी यह सारी दौड़ सिर्फ़ एक दायरे में घूमने की दौड़ है? कभी ख़तरे के बिन्दु से बहुत दूर और बाहर निकल आने का भ्रम, और फिर अचानक अपने को उसके बीचोबीच पाना...कहीं ऐसा तो नहीं है कि वह इससे बाहर निकलना ही नहीं चाहता? किसी ख़तरे और हमले के भय से भागते रहना, कहीं उसकी आदत ही तो नहीं बन गई है? बाहर निकल आएगा तो चूर-चूर होकर गिर पड़ने के सिवा रास्ता ही क्या बचेगा? और गिरना वह नहीं चाहता इसीलिए जानबूझकर ख़तरे के आसपास बने रहकर, अपने को चाबुक मार-मारकर भगा रहा है—लेकिन कब तक? टूटकर ढह जाने का बिन्दु जब तक स्थगित हो सके...फिर गिरना तो है ही—साँस कब तक साथ देगी?...क्यों जी, ठीक इसी क्षण भी तो कुछ लोग ठीक इसी तरह अपना कुछ 'क़ीमती' बचाने के लिए भाग रहे होंगे, उसी की तरह ख़तरे और मौत के साथ चूहे-बिल्ली की मजबूरी का खेल खेल रहे होंगे? काश, उनमें से कुछ मिल जाते तो अकेले पड़ जाने की यह घुटन तो नहीं होती...ज़रूर ऐसे लोग उसे मिले होंगे। लेकिन निगाह टिकाकर उन्हें

पहचानने की फ़ुरसत उसके पास कब थी? उसे तो हर भागता हुआ आदमी 'दुश्मन' लगता था। हो सकता है, औरों को खुद वह 'दुश्मन' लगा हो! ज़रा किसी को रोककर पूछ ही लेता, लेकिन अनजान आदमी को एक-दूसरे पर विश्वास कैसे होता? फिर अपनी क़ीमती चीज़, उसे बचाने की कमज़ोरी, किसी को बताई भी तो नहीं जाती—झपटकर छीन ही ले तो? मगर क्या उसके दिमाग़ में भी यह बात नहीं आती कि हम सारे भागे और खदेड़े हुए लोग मिलकर एक-दूसरे की हिम्मत ही नहीं बँधाते, शायद अपनी-अपनी क़ीमती चीज़ों को बचाने के लिए एक मोर्चा भी बना सकते हैं...सवाल यही है कि पहल कौन करे...? अकेला आदमी कब तक अपनी भीतरी शक्ति को निचोड़-निचोड़कर अपने को घसीटता रहेगा?

उसने कभी एक पोलिश फिल्म देखी थी। उसका एक दृश्य दिमाग़ पर इस तरह खुद गया है कि न चाहने पर भी बार-बार, समय-असमय उभरकर उसे कँपा देता है। कुछ लोगों ने सत्ता के खिलाफ विद्रोह किया था। उन्हें पकड़कर एक अकेले किले में यातनाएँ दी जाती थीं। यातना का एक तरीका कितना भयानक था...कैदियों को छत पर बैठा दिया गया : खुले मैदान में सिपाहियों की दो लाइनें आमने-सामने खड़ी हो गईं—बीच में गली-सी छोड़कर पच्चीस इधर, पच्चीस उधर। हरेक के हाथ में कोड़े। इस 'गली' के दोनों सिरों पर मुहाने बन्द करते हुए दो सिपाही। बीच में अट्ठारह-उन्नीस साल की एक 'विद्रोही' लड़की, एक दम नंगी छोड़ दी गई। हर सिपाही उसे कोड़ा मारता था, वह बिलबिलाकर आगे भागती थी—और फिर कोड़ा पड़ता था, फिर अगला सिपाही, फिर उसके बादवाला...सिरेवाला सिपाही उसे धक्का देकर फिर वापस मोड़ देता। दोनों ओर लगातार कोड़े खाकर, चीख़ती, हाँफती, कराहती वह जिस तरह इस सिरे से उस सिरे तक भागती थी, वह दृश्य पता नहीं क्यों उसके दिमाग से निकलता ही नहीं है : बहुत बार वह लड़खड़ाकर गिरती, उसे फिर खड़ा कर दिया जाता। दौड़ा-दौड़ाकर उसे उन्होंने चूर-चूर कर दिया था और हर क्षण लगता था कि वह अब गिरी, अब गिरी। इस बार नहीं उठ पाएगी। आख़िर वह गिर ही पड़ी और फिर कोड़ों या ठोकरों के बावजूद उठी ही नहीं। ऊपर से देखते कैदियों में कुछ उस दृश्य को

देखकर पागल ही हो गए, कुछ ने वहीं से छलाँग लगाकर आत्महत्या कर ली...खुद जब यह दृश्य उसके सामने आता है, नाभि से उठकर कै करने जैसी अनुभूति उसे होने लगती है। बार-बार समझाता है कि वह सिर्फ़ सिनेमा का एक दृश्य था और वे सभी लोग अभिनेता थे, लेकिन इससे उस दृश्य के आतंक में कोई अन्तर नहीं पड़ता। इस क्षण वह यातना भोगती हुई लड़की कौन है? वह खुद? बंडल में लिपटी गुड्डी?...इस समय इन सारी बातों को छाँटने का मौका कहाँ है? सब कुछ तो गड्डमड्ड हो गया है। इस समय तो सच्चाई सिर्फ इतनी है कि कहीं धुँधलके में एक लड़की है और उसे कोड़े खाते हुए दौड़ना है, इस सिरे से उस सिरे तक। वह जानती है कि यह दौड़ उसे कहीं नहीं ले जाएगी, उसे तो जब तक साँस लेने की सम्भावना है या जब तक होश है, तब तक सिर्फ कोड़े खाना है और दौड़ना है—जब तक बिलकुल चूर-चूर होकर ढेर नहीं हो जाती...झाड़ियों के उस झुरमुट तक तो उसे पहुँचना ही है...।

क्यों जी, आदमी के मन में यह उम्मीद नाम की चीज़ क्या है? क्यों नहीं यह एक-दो बार टूटकर ही समाप्त हो जाती? क्यों हमेशा कहीं कुछ बचा रहता है और ज़रा-सा बहाना पाकर इस तरह सारे सोच पर छा जाता है? यही नहीं, आपके सारे क्रिया-कलाप, हर हरकत को वही तय करने लगता है? अब, वह अच्छी तरह जानता है कि वहाँ झाड़ी में कुछ नहीं है। हर आड़ और बचाव ने उसे इसी तरह के झूठे आश्वासन देकर दौड़ाया है। अक्सर वहाँ पहुँचकर उसने देखा है कि दूर से जो जगह बहुत सुरक्षित लगती है, पास पहुँचकर बिलकुल वैसा नहीं होता। पहुँचकर पाता है कि यहाँ तो घिर जाने या पकड़ लिये जाने के और भी ज्यादा ख़तरे हैं : तब, इस दायरे में घूमते रहने का अर्थ क्या है? इस निरर्थक और लक्ष्यहीन दौड़ को यहीं खत्म कर देने से उसे रोके कौन हुए है?

मान लो, वह यह ठान ले कि कहीं कोई गुड्डी नहीं है, कहीं वह खुद नहीं है, उसे कोई भय नहीं है। जब ख़तरा ही नहीं है, तो उसे बचाने की भावना या कहीं पहुँच जाने की दौड़ भी नहीं है...आस-पास कहीं कुछ नहीं हो रहा। मेरे साथ कुछ भी नहीं हुआ है। मैं किसी भी स्थिति से नहीं गुज़रा...मेरा कोई कुछ भी बना-बिगाड़ नहीं सकता, इसलिए मुझे भी कुछ नहीं करना...मान ही लो, वह ऐसा तय करके यहाँ बैठ भी जाए,

खुले में, तो क्या फ़र्क़ पड़ेगा? अपने सोचने की ही तो बात है, बाकी तो सचमुच कहीं क्या फ़र्क़ पड़ता है? आदमी सोच लेता है, इसीलिए समय, स्थान और चीज़ों से जुड़ जाता है। यानी समय, स्थान, चीज़ें उससे नहीं जुड़तीं—वह अपने आपको उनसे जोड़े होने का भ्रम पालता है। मान लो, वह इसी क्षण तय कर ले कि न उसका कोई अतीत है, भविष्य, न वर्तमान—न वह कहीं से भागकर आया है, न उसे कहीं भागना है—घर, गुड्डी, वह झाड़ी, उन सबसे उसका कोई सम्बन्ध नहीं है—तो? मैं सिर्फ़ एक बात कहता हूँ। अगर सोच ले तो कहाँ, क्या बदल जाएगा? क्या वह उतना ही निश्चिन्त नहीं हो जाएगा जितनी ये और 'चीज़ें'? मैं इसीलिए तो इन सबसे बँधा या जुड़ा हूँ कि ऐसा सोचता हूँ, अपने आपको उन सबसे 'जुड़ा हुआ' मानता हूँ। मेरे भीतर की सारी प्रतिक्रियाएँ इस जुड़े होने के तनाव से ही पैदा होती हैं। लड़की को इस तरह कोड़े मार-मारकर दौड़ाना तो वास्तव में एक रूपक है। सोच को खींचकर अपने को वापस लाने का निर्णय कर लो, तो कोई भी आपका क्या कर सकता है? एक बार अपने को वापस खींचकर इस स्थिति को देख लेने में हर्ज ही क्या है?

सुनते हैं, योगी लोग इसी तरह अपने आपको सबसे तोड़कर अपने आपको खींच लेते हैं और मुक्त हो जाते हैं। न उन्हें धूप लगती है, न ठंड। भूख-प्यास भी शायद महसूस नहीं होती। वे काँटों की सेज पर भी उसी आराम से सोते हैं, जैसे गद्दे पर। सिर्फ़ अपने मन को मोड़ लेने की बात है...मगर सिर्फ़ इस तरह की कल्पना करना अच्छा लगता है, ऐसा हो कहाँ पाता है?...इसे कहीं सुरक्षित जगह पहुँचाने की इच्छा को क्या वह एक पल भी मन से निकाल पाया है? हाँ, कभी-कभी बीच-बीच में उसे एक अजीब-सी बात ज़रूर महसूस होती है—लगता है जैसे गुड्डी, उसका अपना शरीर, पता नहीं कब के छूट चुके हैं, उसके हाड़-मांस उसके साथ नहीं हैं, वह सिर्फ़ एक हवा है, भागते रहने की एक इच्छा है—अशरीरी और निराकार...इसी को शायद लोग 'प्रेत' कहते हैं—एक अतृप्त आकांक्षा...।

और इस विचार से घबराकर जैसे वह खुद-ब-खुद ठिठक गया—कहीं सचमुच ही तो ऐसा नहीं है कि किसी बम, किसी संगीन या किसी भारी

चीज़ की मार से उसका शरीर पहले ही छूट चुका हो, और सिर्फ़ एक अशरीरी आकांक्षा बनकर भागा चला जा रहा हो?...या जिसे वह गुड्डी समझकर छाती से समेटे हैं, वह केवल गुड्डी के होने का एहसास ही हो?...इस तरह की आकस्मिक मृत्युवाले लोग कब शरीर छोड़कर इस अशरीरी दुनिया में पहुँच जाते हैं, शायद खुद भी नहीं जानते! भयंकर आशंका से उसने सामने बँधी गुड्डी को छूकर, दबाकर देखा, फटकर तार-तार हो गए अपने कपड़ों को टटोला, अभी-अभी लगे घुटने के घाव से निकले ख़ून की चिपचिपाहट महसूस की...लेकिन इससे सिद्ध कहाँ होता है कि यह 'शरीर' होने के पुराने अभ्यास की भावना नहीं, साक्षात् शरीर है? तभी, तभी...उसने जैसे हताश होकर अपने आपसे कहा—तभी तो वह 'बचता' चला आ रहा है! दरअसल जिसे वह 'बचना' समझ रहा है, वह उसका 'न होना' ही है...किसी को वह दीखता ही नहीं होगा। वह अपने आपको जो चाहे समझे, किसी और को क्या पता कि सामने ही एक 'शरीरी आकांक्षा' भी भटक रही है! ज़रूर यही बात है...यह बात न होती तो कैसे वह उस भूकम्प और तूफ़ान से गुज़र आया होता...अब?...अब क्या हो?

अचानक उसे बहुत बेचैनी होने लगी कि कैसे वह अपने 'होने' को प्रमाणित करे? कम-से-कम खुद को तो पता चलना चाहिए कि आप हैं भी या नहीं? अगर नहीं हैं, तो इस भाग-दौड़ से कोई फायदा? फिर आपका कोई क्या बिगाड़ सकता है? तब तो किसी हमले, किसी चोट का कोई डर ही नहीं है! सचमुच यह स्थिति कैसी मज़ेदार है कि हमला करनेवाले संगीनें, बन्दूकें, छुरे, तलवारें लिये आपके सामने खड़े हैं और आप निडर होकर उनके सामने घूम रहे हैं, उन्हें मुँह चिढ़ा रहे हैं और हँस रहे हैं, क्योंकि उनके लिए आप हैं ही नहीं—सिर्फ़ एक पारदर्शी हवा है, जिसके आर-पार सब कुछ देखा जाता है...।

और क्यों जी, अगर आप हैं और यह समझकर उनके सामने पहुँच जाते हैं कि 'हैं ही नहीं' तो? लेकिन यह तय कैसे हो कि आप हैं या नहीं? नहीं, वह खुद तय नहीं हो सकता...किसी के सामने पहुँचकर, किसी को छूकर, (यानी फिर दूसरों से जुड़कर?) या किसी से बात करके ही यह तय होगा...लेकिन ऐसा कोई भी तो नहीं दीखता, जिससे 'बात'

की जा सके, जिसके सामने जाकर खड़ा हुआ जा सके और उसकी प्रतिक्रियाओं से जाँचा जा सके कि हाँ, आप हैं! और उसने पलटकर हमला कर दिया तो?...या उसके पास घातक हथियार हुआ तो? अभी तो सिर्फ शक है, फिर तो सचमुच शरीर छोड़ने की नौबत आ जाएगी... बड़ी मुसीबत है। करूँ क्या! बौखलाकर उसने लगातार गुड्डी को आवाज़ें दीं...गुड्डी, गुड्डी...जागो बेटा, देखो, अम्मा आ गई...और जब अपनी आवाज़ खुद कानों में पहुँची, तो चौंककर चुप हो गया...इस तरह आवाज़ें देकर खुद खतरे को क्यों बुला रहा है? उसने दाँत पीसे... अम्मा...पता नहीं साली कहाँ जा मरी...मेरी जान को यह मुसीबत छोड़कर...अब मैं न भाग सकता हूँ, न छोड़ सकता हूँ, न आसानी से मर सकता हूँ, और तो और, इसके सिवा और कुछ सोच भी नहीं पाता...और वह फिर घिसट-घिसटकर भागने लगा...साथ ही उसे यह भी लगता रहा, जैसे वह किसी हेलीकॉप्टर में बैठा है...नीचे इस भुनगे जैसी चीज़ को तटस्थ भाव से भागते और घिसटते 'देख' रहा है...पूरा न सही, उसका कोई हिस्सा ज़रूर 'प्रेत' हो गया है, वरना वह इस तरह 'तटस्थ ऊँचाई' से अपने इस छटपटाते 'व्यक्ति' को ऐसे साफ-साफ देख कैसे लेता...?

उसने दोनों मुट्ठियों में रेत लेकर अपने मुँह, गरदन और बाँहों पर मली, एक तो घावों, खरोंचों और चोटों में इससे आराम मिलता है, पसीना बह-बहकर, गले या पिंडलियों में चींटी रेंगने जैसी अनुभूति नहीं देता—और सबसे बड़ी बात, आपको कोई पहचान नहीं सकता...अगर अपने आपको शीशे में देखूँ तो आँखों के दो सूराखोंवाला मिट्टी का ढूह लगूँ—यह सोचकर उसे कहीं हलका-सा आश्वासन मिला कि अब शायद कोई विशेष रूप से 'उसे' पहचान नहीं पाएगा। हाँ, इतना ही जानेगा कि कोई है—पता नहीं शत्रु या मित्र...पूरी रोशनी न हो तो शायद मिट्टी का ढेर या मेंड़ जैसी ही कोई चीज समझे। उसने अपने आपसे कहा—हो सकता है, प्रेत की तरह एकदम 'अशरीर' या अदृश्य न हुआ होऊँ, लेकिन 'मेरी अपनी पहचान' तो निश्चय ही अब नहीं रह गई—कीचड़ में लथपथ कोई भी एक आदमी! सचमुच ग़ौर से देखने पर भी कोई आदमी उसे नहीं पहचान पाएगा? बहुत-बहुत मन हुआ कि शीशा होता तो देखता,

कैसा लगता है। या गुड्डी होश में होती तो उसकी प्रतिक्रिया देखकर वह तय कर लेता कि उसकी 'पहचान' बाकी है या नहीं? हाँ, आवाज से शायद पकड़ लेती। उसने गला खँखारकर आवाज़ निकालने की कोशिश की—सपाट और व्यक्तित्वहीन। अपनी इस कोशिश पर खुद उसे हँसी आई। आदमी का बाहरी रूप-रंग कैसे उसकी चाल, ढाल, व्यवहार और बोली को तय कर देता है! आप एक बार यह मान लीजिए कि आप, आप नहीं—दुष्यन्त हैं, सिद्धार्थ हैं—आपका सारा रंग-ढंग, बोली-लहजा, यहाँ तक कि सोचना तक वैसा ही हो जाएगा! इस क्षण वह एक 'बे-पहचान' आदमी का रूप बनाए है, इसलिए उसका सारा व्यवहार वैसा ही होने लगा है : कल मान लो वह बन्दर या भालू का वेश बना ले तो क्या ठीक है, वैसा ही व्यवहार नहीं करने लगेगा? उसी तरह चलने या गले से आवाज़ें निकालने लगेगा...?

लेकिन उसे सचमुच पहचानता कौन है? बाप, भाई, पति, दोस्त या एक शहरी आदमी—क्या अलग-अलग लोगों के सामने उसके अलग-अलग रूप नहीं हैं? अच्छा या बुरा, सब लोग उसे उतना ही तो पहचानते हैं, जितने से उनका सम्बन्ध है। इस क्षण जान बचाकर, सिर छिपाकर भागता हुआ एक आदमी...इन सबमें 'वह' खुद कहाँ है? इन सबसे हटकर क्या आदमी की अपनी कोई ऐसी 'पहचान' होती है जो कि सिर्फ उसकी 'अपनी' होती है, और किसी दूसरे की नहीं होती? अगर वह पकड़ा जाए तो लोग किसी के 'बाप', किसी के पति, किसी के दफ्तर के नौकर, किसी के भाई, किसी शहर, मोहल्ले या मकान के 'रहनेवाले' को ही मारेंगे—'उसे' कहाँ पहचान पाएँगे, मारने से पहले या बाद?—इन सारे 'नामों' के लबादों के नीचे वह तो अभी तक एक गुमनाम व्यक्ति ही रहकर मर जाएगा। शायद कहीं कुछ क़ीमती बचाने के लिए, यूँ भागते हुए गोली या भाला खाकर मर जाना इतनी बड़ी ट्रेजेडी नहीं है, जितनी बड़ी ट्रेजेडी यह है कि आप मर जाएँ और कोई जान ही न पाए कि जो मारा गया है, वह है कौन। खुद आपको यह बताने का मौका ही न मिले. ..बाद में रह जाए सिर्फ़ एक लावारिस, गुमनाम, बेपहचान लाश...!

इस क्षण एक भयानक सम्भ्रम के साथ उसे महसूस हुआ कि वह सिर्फ़ सामनेवाली झाड़ी की ही तरफ नहीं भाग रहा...पीछे ख़ून की होली

खेलते, लूटते, चीख़ते, चिल्लाते लोगों की तरफ भी भाग रहा है!...उसकी यह सारी दौड़, अपनी पहचान खोकर अदृश्य, अशरीरी और आसपास की हवा-पानी जैसी चीज़ बनकर अपने को 'खो देने' की ही दौड़ नहीं है, बल्कि अपने को 'पहचाने' जाने की, अपनी इस पहचान को स्थापित करने की—युद्धक्षेत्र में जाकर अपने होने की सूचना देने की—भी दौड़ है...चाहे इस पहचाने जाने के एकदम बाद ही उसे क्यों न मर जाना पड़े—इस क़ीमत पर भी...उस क्षण सचमुच बेहद शिद्दत से उसे महसूस हुआ कि यह दौड़ इकहरी नहीं, हर पल दुहरी रही है—एक साथ दो धरातलों पर रही है और तब वह किसी भी तरह तय नहीं कर पाया कि वह मौत से बचकर भागता रहा है...या मौत की तरफ भागता रहा है...व 'गुमनामियत' की तरफ भाग रहा है या अपनी 'पहचान' स्थापित करने की तरफ...!

इस दुतरफा दौड़ के सम्भ्रम और कन्फ्यूजन को वह अपने लिए ही समझ सके या आत्मसात् कर पाए, इससे पहले ही एक अजीब बात उसके मन में आई—हो सकता है कि वह दौड़ ही न रहा हो, सिर्फ़ खड़ा हो, और उसे लग रहा हो कि वह यहाँ से वहाँ दौड़ रहा है...उसने पागल की तरह ज़ोर से सिर झटका और नींद से जागे हुए आदमी की तरह इधर-उधर आगे-पीछे देखा...नहीं-नहीं, ऐसी बात नहीं है। काफी चीज़ें पीछे छूट गई हैं, उसके और झाड़ी के बीच की दूरी निश्चय ही कम हुई है, अभी-अभी वह जलते हुए शहर के मकान, चौराहे, रास्ते और मोड़ छोड़कर आया है। बात इतनी ही है कि वह बेहद थक गया है या यह भी हो सकता है कि ऐसे आतंक-प्रद नसतोड़ अनुभव से गुज़रा है कि 'बच निकलने' की उसकी इच्छा ही मर गई है, और अभ्यासवश ही झाड़ी की तरफ दौड़ रहा है, और जानता है कि इस दौड़ को वह कभी भी खत्म कर सकता है—उसके खड़े रहने या बैठने में अब कहीं कोई फ़र्क़ ही नहीं रह गया है! इसके साथ ही, अचानक और अकारण ही एक सपना उसे याद आने लगा। जान बचाने के लिए दौड़ते हुए इस सपने के याद आने की बात सोचते हुए उसे बेहद आश्चर्य और झल्लाहट भी महसूस हुई—यह भी कोई समय है, सपना याद आने का?...लेकिन लाख न चाहने पर भी सपने का एक-एक रंग कैसा चटख होकर जागा है उसके भीतर!..

.एक टैक्सी की छत पर वह लेटा है, पीली छत, नीचे की काली बॉडी, चमकता हुआ बोनेट, टैक्सी का मीटर...टैक्सी पूरी स्पीड से भाग रही है, और नीचे ड्राइवर अपने साथी को कोई किस्सा सुना रहा है। आसमान भूरा काला है और वे लोग पुराने बने हुए भारी, नीची मेहराबोंवाले पुलों में से गुज़रते हैं...ऊपर लेटे होने के कारण वह धुआँरे-गेरुए भारी पुलों की छतों को एकदम साफ देखता है। टैक्सी एक बहुत बड़े, शायद अशोका होटल, पहुँचकर रुकती है। वहाँ उत्सव-समारोह जैसा कुछ हो रहा है। बहुत-सी झंडियाँ लगी हैं...द्वार बने हैं, चारों तरफ बहुत बड़े-बड़े बैंगनी, मखमल जैसे चमकदार गलीचे फैले हैं...पीले, लाल, बैंगनी गुब्बारों के गुच्छे और कतारें लटकी हैं। लोग बढ़िया सूटों और औरतें रंग-बिरंगी साड़ियों, स्कर्टों और कोटों में आ रही हैं। पता नहीं, कब और कैसे वह, बैंगनी कालीन बिछी ऊँची-सी छत के एकदम किनारे पर जा बैठा है और नीचे, खुले में होते समारोह को देख रहा है...यहाँ टैरेस सिर्फ़ इतनी ऊँची है कि नीचे के लोग हाथ बढ़ाएँ तो वह छू सकता है...वह उनकी सारी बातें, बहसें, कहकहे और मज़ाक सुन सकता है...सबके हाथों में कोई प्लेट या गिलास है। शायद उन्हें पता भी नहीं है कि 'ऊपर' से उन्हें कोई देख रहा है। वह इतने किनारे बैठा है कि हर क्षण हाथों का सहारा देकर नीचे फिसलने से अपने आपको रोके हुए है। फिसलकर वह उनमें शामिल हो सकता है। लेकिन वह वहीं रहना चाहता है, ऊपर...उसे हर क्षण ख़याल है कि बाहर टैक्सी उसकी राह देख रही है। फिर कुछ बदलता है और गहरे चॉकलेट के रंगवाली साड़ी पहने एक औरत के साथ वहीं खुली छत के किनारे पर वह अपने को सम्भोग करते हुए देखता है...औरत का चेहरा नहीं दीखता। हाँ, खुशबू की लपट उसके नथनों तक आती महसूस होती है। यह बात उसे काफी मज़ेदार लगती है कि नीचे लोग हँस-खा रहे हैं, और उनसे हाथ भर की ऊँचाई पर ही वह ऐसी निश्चिन्तता से औरत को भोग रहा है और इस बात का किसी को आभास भी नहीं है...फिर भी सावधानी के तौर पर दोनों ने अपने शरीर से कोई कपड़ा नहीं उतारा है...छत के किनारे से फिसलकर वह नीचे गिरने-गिरने को होता है कि उसकी आँख खुल जाती है...।

जिस रात उसने यह सपना देखा था, तब भी सोचता रहा था कि

इसका क्या अर्थ है, इसमें मन के भीतर की क्या चीज अभिव्यक्त होती है? लेकिन इस समय तो उसे बेहद खीज और झुँझलाहट हो रही थी.. .कोई मौका है इस सपने के याद आने का? और देखो, न सिर्फ़ याद आ रहा है बल्कि एक-एक रंग कितना साफ और चमकीला होकर दीख रहा है!...जैसे रंगीन फिल्म का कोई दृश्य हो...वह औरत कौन हो सकती है? गुड्डी की माँ तो नहीं थी। उसके हाथ, कोमल पकड़, चुम्बन, सभी कुछ याद है–सिर्फ़ चेहरा सामने नहीं आता...अगर बच गया तो ज़रूर किसी मनोविज्ञान-वेत्ता से इनका अर्थ पूछेगा...ताज्जुब की बात है, इस सारे समारोह या सपने में न कहीं गुड्डी है, न गुड्डी की माँ...।

गुड्डी की माँ होगी कहाँ इस समय...? लगता है, जैसे कहीं बहुत-बहुत दूर चली गई है और शायद कभी वापस लौटकर नहीं आएगी...लेकिन इस 'बला' का मैं क्या करूँ? 'पापा, देखिए, हमने आपके नेलपॉलिश लगाई। आप सो रहे थे, आपको तो पता भी नहीं...।' यह वाक्य इस समय कहाँ से उछलकर आ गया? 'हम पापा को दूध पिलाएँगे...।' और फिर पापा की तसवीर के मुँह में दूध की बोतल लगाना। क्यों ये सब उसे इस बेमौके याद आ रहा है?...अरे कमबख्त, यह समय इस सबमें 'डूबने' का नहीं, इस सबको भविष्य के लिए बचा लेने का है...अँधेरी सुरंग के दूसरे सिरे पर दीखती रोशनी तक भाग लेने का है...भागो-भागो...खूँखार और खौफ़नाक, भूखे भेड़ियों की लपलपाती जीभों और गुर्राती आँखोंवाले इस चारों तरफ से दबोचते अँधेरे के पार निकल जाओ, जैसे भी हो, अपने लिए नहीं, इसके लिए...।

मगर ज़रा-सा रुककर, बार-बार उभरते मन के सन्देह को मिटा क्यों नहीं लेता? वहाँ पहुँचकर बंडल में मरी हुई गुड्डी को पाने के धक्के से अभी ही छुटकारा क्यों नहीं पा लेता? इस समय उसमें सब कुछ बर्दाश्त कर लेने की ताकत है...अगर मर ही गई है तो एक तरफ फेंक-फाँककर इस बचाव की लड़ाई से छुट्टी पाओ...फिर तुम भी एक बन्दूक, एक भाला, एक तलवार या कोई भी चीज़ उठाकर इन हमलावरों में शामिल नहीं हो सकते? सचमुच उसे लगा कि इस गुड्डी के नाम पर वह अपने भीतर की कायरता को कब तक पालता रहेगा? ये ख़ून के प्यासे, जल्लादों जैसे दीखनेवाले हमलावर भी तो भीतर से डरे हुए अपनी ही

कायरता के दंश से खाए हुए उस जैसे लोग हैं! वह भी अन्धाधुन्ध गोलियाँ चलाए, लूट-पाट मचाए और जो सामने आए, उस पर संगीन लेकर झपट पड़े...उन्हें तो शायद पता भी नहीं चलेगा कि कब उनमें एक और आदमी आ शामिल हुआ है! इस डर और ख़तरे से बचने का सिर्फ़ एक ही उपाय है? तब वह खुद औरों के लिए एक ख़तरा हो जाएगा... अपने जैसे कमज़ोर, मुलायम और डरे हुए लोगों को दौड़ा-दौड़ाकर मारनेवाला एक आतंक...सिर्फ़ बच-बचकर भागते, अपने को इस-उस आड़ में छिपाते लोगों की इस माहौल में कोई जगह नहीं है...और अगर उसे यही जीवन जीना है, तो किसी गिरती छत, किसी गोली, किसी संगीन या किसी उड़ते पत्थर-भाले का निशाना बनकर मर ही जाना चाहिए...मर भी गया तो दुनिया में कहाँ क्या रुक जाएगा...?

नहीं-नहीं, गुड्डी का बहाना झूठ है। वह अच्छी तरह जानता है कि गुड्डी बेहोश नहीं है, मर गई है। वह तभी मर गई थी, जब अपने घर की ही चौखट उस पर गिरी थी, भरपूर और बेरहम...इस भाग-दौड़ के बावजूद क्या उसे एक क्षण का भी समय नहीं मिला कि वह कम्बल खोलकर देख लेता, उसकी साँस को महसूस करके समझ लेता कि उसमें कुछ बचा भी है या नहीं? लेकिन नहीं, उसने जान-बूझकर ऐसा नहीं किया। वरना हो सकता है, इतनी देर से अपने बचाव की इस दौड़ का सारा भ्रम, इस कायरता की सारी गरिमा चूर-चूर हो जाती। जिन बातों और जिन भावनाओं को भीतर जगा-जगाकर वह अपने आपको दौड़ाए जा रहा है, वे सब कहाँ से आतीं? फिर तो निश्चय ही हो जाता कि वह लाश को लिये-लिये भाग रहा है। और तब इसे फेंकने के सिवा कोई रास्ता नहीं रहता...या कहना चाहिए, निर्णय लेने की अनिवार्य मजबूरी से बच निकलना असम्भव हो जाता...उसकी यह सारी दौड़ किसी भी निर्णय से बचते जाने की दौड़ के सिवा और क्या है? तब हो सकता है कि उसे हमलावरों में शामिल हो जाने का ही निर्णय ले लेना पड़ता... वह भी उछल-उछलकर लोगों को मारता...ज़रूरत-बेज़रूरत की चीज़ें छीनता...औरतों-बच्चों के नाजुक शरीर में घप् से संगीन घोपने का मज़ा लेता...सुनते हैं, निरंकुश क्रूरता, और बे-लगाम हिंसा का भी अपना एक नशा और आनन्द है, एक शब्दातीत थ्रिल है—अगर यह सब न होता तो

आदमी में इतना जोश, यह उत्साह और शक्ति-सामर्थ्य कहाँ से आते? कम-से- कम एक बार हिंसा के इस सुख को जान लेने में बुराई क्या है?

अभी तक इन लोगों में शामिल हो जाने की बात उसके मन में क्यों नहीं आई? इतना तो उसे भी पता ही था कि उसके आस-पास ही कुछ लोग हैं जो चुपचाप इस तरह की ट्रेनिंग ले रहे हैं। कुछ स्थानों की सूचना भी उसके पास थी, जहाँ मारने, लूट लेने, आग लगाने या पीछा करके दबोच लेने की शिक्षा दी जाती है। सुना था कि सबसे पहले व्यक्ति, देश, मानवता, और जाने किस-किससे भविष्य की सुरक्षावाले बौद्धिक विमर्श होते हैं—व्यक्ति को मानसिक रूप से ऐसे सिद्धान्तों के आदर्श और लक्ष्य समझाए जाते हैं, जहाँ ये सारे कार्य ग़लत न लगें। व्यक्तिगत रूप से की गई हत्या आदमी की आत्मा पर बोझ बनी रहती है; सिद्धान्त और आदर्श के लिए की गई हत्या उसे आध्यात्मिक शक्ति देती है। इसमें दोनों तरफ से व्यक्ति को अपनी पहचान को निकाल देना होता है। न आप व्यक्ति हैं, न वह जो मरता है। वह आपका नहीं, आपके आदर्शों का दुश्मन है। अतः उसे हटा देना हत्या करना नहीं, महान लक्ष्य को प्राप्त करने का एक प्रयास है। अगर इस ट्रेनिंग का वह शुरू से ही एक हिस्सा बन जाता तो शायद आज यह परेशानी न होती।

उसके दफ्तर और घर के पास-पड़ोस के जाने कितने लोग चुप-चुप वहाँ जाते थे; इसकी जानकारी उसे थी। कुछ ने उससे कहा भी कि अगर वह चाहे तो चल सकता है, मगर लापरवाही से उसने टाल दिया। हुँह, हमें उस सबसे क्या! हमारी तो यही शान्त ज़िन्दगी ठीक है, जहाँ एक बच्ची से सारा घर जगमगाया रहता है। उसके साथ बिताने को चाहे समय न मिल पाता हो, लेकिन हर पल, जाने-अनजाने नसों के भीतर कोई घुटनों चलता रहता है, किलककर हँसता है, गोद में आने को मचलता है, दूध न पीने की ज़िद करता है और बाज़ार घूमने के लिए हाथ-पाँव मारता है। सोती हुई बच्ची कैसी नन्ही देव-शिशु-सी लगती है! सोचता था कि उसी की मुसकराहटों में ज़िन्दगी का कुछ समय निकल जाएगा, हमें छुरे-तलवारों के खेल या ट्रेनिंग से क्या करना है! ताज्जुब होता था कि इस बच्ची के होने ने उसकी सारी बनावट में कितना बदलाव पैदा कर दिया था। वह कहीं भी कुछ क्रूर, ग़लत या झूठ करने

को होता तो भीतर धुँधलके में एक निराकार हाथ उसकी कलाई पकड़ लेता। वह अपने आपको इतना शान्त, भरा, व्यस्त और उल्लसित-सा अनुभव करता रहता कि कभी ख़याल भी न आता कि कहीं कुछ लोग आसपास ही लूट-पाट और मार-पीट की ट्रेनिंग ले रहे हैं। कभी-कभी किसी दोस्त से हँसी-मजाक या बहस करते हुए उसे अचानक ध्यान आता : हो सकता है, यह भी वैसी ही ट्रेनिंग ले रहा हो। इस ख़याल के साथ ही वह झटके से चुप हो जाता। फिर अपने आपको समझता कि यह उसका भ्रम है। अगर यह वैसी ट्रेनिंग ले रहा होता तो शायद मुझसे ऐसे मुक्त भाव से न मिलता। और यह भी हो सकता है कि मेरा सम्पर्क ही भीतर के किसी कोमल और मानवीय भाव को जगाए रखे...अब तो अफसोस ही होता है कि आसपास को भूलकर मुग्ध भाव से जीते चले जाने की कितनी भारी क़ीमत उसे चुकानी पड़ रही है। गुड्डी ज़िन्दगी को आनन्द-उल्लास से भरने का स्रोत हो सकती है, ज़िन्दगी को बचाने का हथियार तो नहीं हो सकती। बच्चा सिर्फ़ सार्थकता दे सकता है, सुरक्षा नहीं। और यह क्षण तो अपने सबसे मूल्यवान और सार्थक को बचा लेने का है। चूँकि अपने सार्थक और मूल्यवान को बचाना असम्भव और नामुमकिन हो गया है, इसलिए हमलावरों में शामिल होकर हरेक के सार्थक और मूल्यवान को समाप्त कर देना चाहिए—यह उससे नहीं हो पा रहा है...कमज़ोर, कायर, बुज़दिल, कुछ भी सही, इस स्थिति में आकर वह 'उनका' हिस्सा नहीं हो पाएगा...उसके प्रारब्ध में सिर्फ़ बचाव की लड़ाई ही रह गई है...।

उसे अक्सर आश्चर्य होता है कि क्या सचमुच इन लोगों के पास कुछ भी मूल्यवान और सार्थक ऐसा नहीं रह गया है, जिसे बचाने की बात मन में आए? तभी तो ये लोग दल-के-दल दूसरों के सार्थक और मूल्यवान को तहस-नहस करते, लूट-पाट मचाते इधर-से-उधर दौड़ रहे हैं। हाथों में न सही, क्या मन में भी इनके कोई 'गुड्डी' नहीं है? रही तो जरूर होगी, लेकिन या तो इन्होंने उसे कहीं फेंक-फाँक दिया है या अपने भीतर ही उसकी लाश को दफनाकर अब बनैली चिंघाड़ों के साथ संगीनें लेकर निकल आए हैं। जब अपनी ही गुड्डी नहीं रहती तो वे किसी की भी गुड्डी को जीवित और साबुत नहीं छोड़ेंगे...यानी इनका लक्ष्य मैं

नहीं, मेरे हाथ का यह बंडल है—यानी सारी आफत की जड़ यही है, वरना मुझे मारकर इन्हें क्या मिलेगा? ओहो! कितनी सीधी-सी बात है! इन्हें कुछ लेना थोड़े ही है! ये तो संगीनों की रोशनी में सिर्फ़ उस सन्तोष को तलाश कर रहे हैं, कि जो कुछ इनके अपने पास नहीं है, उसे कहीं भी किसी दूसरे के पास क्यों छोड़ा जाए...उसे ही, आख़िर, इस बंडल से इतना मोह क्यों है? क्यों नहीं दोनों हाथ बढ़ाकर कह देता, लो दोस्तो, जिस चीज़ की तुम्हें तलाश है, वह यह है। इसे कोंचो, मारो, रौंदो, कुचलो, और मुझे चारों ओर से ठोकर खाती फुटबॉल की नियति से छुटकारा दिलाओ...यह न हो तो मैं भी तुममें से एक हूँ? फ़र्क़ कहाँ है? मगर इतने से वे मान जाएँगे, उन्हें कुछ भी चाहिए कहाँ?...उन्हें तो आखेट का सुख चाहिए...

लेकिन नियति को चुन सकना, या यूँ झटके से बदल सकना क्या अब सचमुच उसके हाथ में रह गया है? गुड्डी मर गई है या ज़िन्दा है, नहीं जानता। उसके मर जाने की सच्चाई का सामना न कर पाने की कायरता ही, हो सकता है, उसे दौड़ा रही हो। हो सकता है, उसकी यह दौड़ उसे कहीं न ले जा रही हो, और यह भी सच हो कि वह सिर्फ़ अपनी जान बचाने के लिए जादुई तावीज़ की तरह गुड्डी को लिये-लिये भाग रहा हो, और तावीज़ का जादू एक चुटकी राख से ज्यादा कुछ न रह गया हो...इस सबको न वह अलग-अलग करके सोच सकता है, न कोई निर्णय ले सकता है...सिर्फ़ इतना साफ है कि इसी बंडल ने अब तक की इस सारी दौड़ को सार्थकता दी है...।

और वह तो अपनी एक बहुत भीतरी सतह पर सिर्फ़ इतना जानता है कि जरा साँस लेने का मौका, सुस्ता लेने की सुरक्षा मिल जाए तो गुड्डी के शरीर की हलकी-सी बची गरमाहट को भी वह जीवन में बदल सकता है...उसका मर जाना असम्भव है और तब यह सारी यात्रा, अंगारों से नंगे पाँव गुज़रने की सारी यातना सिर्फ़ एक बीता हुआ दुःस्वप्न बनकर रह जाएगी।

लेकिन पहले उस झाड़ी तक तो पहुँचे...।

29.5.75

ज़हरबाद

मैं बहुत व्यक्तिगत बात कह रहा हूँ। सही है कि आज अमृतसर में या पंजाब में रहनेवाला जिस आतंक में रह रहा है, उसमें व्यक्तिगत क्या है? कहीं भी कोई मार दिया जा सकता है, सोते हुए, खाते हुए, घर लौटते हुए या बस में यात्रा करते हुए, मज़ा यह कि अक्सर मरनेवाले को पता भी नहीं होता कि वह क्यों मर रहा है? ज़रूरी नहीं है कि वह हिन्दू ही हो या सिख हो तो सरकारी मुख़बिर ही हो—वह शान्त और तटस्थ भी हो सकता है। कभी उसका अपराध सिर्फ हिन्दू या अपराधी सिख होना हो सकता है तो कभी सिर्फ़ आदमी होना...क्योंकि इससे दहशत या नफ़रत का माहौल बनता है...और आतंकवादी यही तो चाहते हैं...और यही तो अमेरिका या पाकिस्तान की साजिश है। मगर साहब, हम भी तो उसी मिट्टी की उपज हैं जहाँ के ये आतंकवादी हैं। डर है, दहशत है, असुरक्षा है—सब है। मगर रहे...हमें तो अब आदत पड़ गई है। जैसे युद्ध के दिनों में वियतनामियों को पड़ गई थी। औरत रोटी बना रही है, बच्चे खेल रहे हैं, आदमी क्यारियाँ गोड़ रहा है, अचानक अमेरिकी जहाज़ आते हैं—धाँय-धाँय बम गिराते हैं, गोलियाँ बरसाते हैं। कुछ मर जाते हैं, कुछ घायल हो जाते हैं, मकान, झोंपड़ियाँ जल जाती हैं—रोना-पीटना, इलाज-मदद...और घंटे भर बाद औरत फिर रोटियाँ बनाने लगती है, बच्चे खेलने लगते हैं...बनी रहे माहौल में असुरक्षा और दहशत...उसके लिए कोई ज़िन्दगी थोड़ी ही रुक जाएगी।

तो जनाब, यह सब नहीं। मेरी बात बहुत व्यक्तिगत है। इसलिए

आप जो कुछ सुनना चाहते हैं वह नहीं, मैं अपनी बात सुनाऊँगा और सिर्फ़ पाँच मिनट लूँगा। जानता हूँ, आपको भी काम करने हैं, फिर मैंने आपकी सुविधा का समय भी नहीं पूछा था। यूँ ही आ गया। ख़ैर, अब बात तो आपको सुननी ही है। दरअसल, मेरी समस्या शुरू हुई दो साल पहले से। मैं आपकी संस्था का सदस्य हूँ। हम कुछ लोगों ने पंजाब का माहौल देखकर आतंकवाद और साम्प्रदायिकता के खिलाफ़ पढ़ने-लिखनेवालों का विरोध जताने के लिए एक सद्‌भावना सम्मेलन किया। हालाँकि मेरी ऐसी कोई हैसियत नहीं है, बैंक में छोटा-सा क्लर्क हूँ मगर शायद कुछ अधिक उत्साही रहा होऊँगा। इसलिए लोगों का ध्यान भी गया। खूब भाषण हुए लेकिन बाद में धमकियाँ मिलीं कि या तो ये सब बकवास बन्द करूँ या फिर नतीजा भुगतने को तैयार रहूँ। सच कहूँ, मैं भीतर से काँप उठा। घर से बाहर क़दम रखते डर लगता था और पलट-पलटकर देखता था कि पता नहीं, वापस इस सबको देख पाऊँगा या नहीं। माँ से कुछ इस अन्दाज़ में विदा माँगता था जैसे युद्ध पर जा रहा हूँ। मैं अपने को हिम्मत दिलाने की कोशिश करता कि हम लोगों ने न किसी का नाम लिया, न किसी के विरुद्ध कुछ किया। यही तो कहा था कि दुनिया का कोई धर्म नफ़रत नहीं सिखाता। एक शहर और प्रान्त में रहना है तो प्यार और भाईचारे से रहें। इसमें ऐसी बुरी बात क्या थी? फिर धमकियाँ व्यक्तिगत रूप से मुझे तो दी नहीं गई थीं। 'साम्प्रदायिक सद्‌भाव की बातें करनेवालों को देख लेंगे' जैसी सामान्य धमकी सिर्फ़ मेरे ऊपर ही कैसे लागू होती है? मगर फिर लगता, धर्मांध लोगों को इन सब बारीकियों से क्या मतलब? उनके हाथ तो जो पड़ जाए। ठाँय-ठाँय! मरे बेगुनाह तो भी एक ख़ौफ़, एक दहशत तो फैलती है, सद्‌भावनाओं की हिम्मत टूटती है। अब मेरी क्या हालत हो गई, मैं बयान नहीं कर सकता। हर आदमी के हाथ में पिस्तौल लगती और हर स्कूटरवाला किसी-न-किसी आतंकवादी की अख़बारों में छपी तसवीर से मिलता-जुलता लगता। अक्सर मैं चलते-चलते चौंककर रुक जाता और सहमकर दीवार से चिपका हुआ, पीछे आनेवाले को आगे निकल जाने देता। रात में नींद आनी बन्द हो गई। हवा से पेड़ का पत्ता भी हिलता तो मैं उछलकर चारपाई के नीचे होता...मेरा खाना-पीना-रहना-उठना-बैठना सब हराम

हो गया...और लगने लगा कि मुझे साम्प्रदायिक लोग नहीं मारेंगे। मैं खुद मर जाऊँगा। या अपने आपको मार डालूँगा। अपनी जैसी सोच के लोगों के बीच भी दिल धड़कता रहता, उनमें से पता नहीं भीतर से कौन हो, कैसा हो!

आख़िर मैंने तय किया कि मैं गाँव चला जाता हूँ। वहाँ भी कुछ समस्याएँ उठी हुई थीं। मेरे दूसरे भाई ने सारी खेती-बाड़ी दबा ली थी। और खुले-खज़ाने कहता था कि मैं किसी को कुछ नहीं दूँगा, जिससे जो बन पड़े, कर ले! उसके लिए न माँ थी, न भाई। मुझे तो यह भी लगने लगा था कि कुछ दिन पहले बाप की गाँव में जो मौत हुई थी, वह भी हत्या ही थी। वहीं गाँव में रहता था और सब कुछ सँभालता था। अब तो सबसे कहता था कि शहरवाले भाई ने ज्यादा तीन-पाँच की तो उसे भी काटकर फेंक दूँगा...मैंने सोचा, एक बार जाकर समझाऊँ। शायद कुछ बात बने। तो भाई साहब, मैं पहुँचा गाँव। उसके यहाँ नहीं गया। क्या मालूम मार डाले या पानी-खाने में ज़हर ही दे दे! एक जान-पहचानवाले के यहाँ ठहरकर सन्देसे भिजवाए, बड़े-बूढ़ों को बीच में डालकर समझाने की कोशिश की—मगर बेकार...यहाँ भी मुझे चौकन्ना ही रहना पड़ता था। हाथ में पैसा है, गाँव में उसका असर है, पता नहीं क्या कुछ करा दे...लेकिन जब लगा, कुछ नहीं होगा तो वहाँ के दो-चार वकीलों से सलाह की कि बराबरी के हक का केस तो कम-से-कम दर्ज करा ही दूँ। अब आप विश्वास नहीं करेंगे, जैसे ही वकील भाई का नाम सुनते, वैसे ही कान को हाथ लगा लेते, “ना बाबा, हमारे भी तो बाल-बच्चे हैं। हम इस केस को नहीं ले सकते।” अब तो सचमुच, मुझे भी डर लगने लगा। इस कमबख़्त का तो गाँव में ऐसा आतंक है। मुझे लगा कि यहाँ तो कोई लाश उठानेवाला नहीं मिलेगा। वापस शहर में जाने में ही समझदारी है और मैं चुपके से वापस शहर में आ गया। मगर स्थिति गले नहीं उतर रही थी और भीतर से ख़ून खौलता था कि अजीब धाँधली है कि जिसका जो मन हो सो कर ले...इसे तो बर्दाश्त नहीं किया जा सकता। लेकिन करूँ क्या, समझ में नहीं आता था। हाँ, इससे एक अजीब बात यह ज़रूर हुई कि शहर में मुझे जो हर कदम पर ख़तरे की गन्ध आती थी, वह अपने आप ही कहीं उड़ गई। अब मुझे हर जगह भाई का

षड्यंत्र दिखाई देने लगा था। जब गाँव में उसका इतना आतंक है तो ज़रूर उसने अब तक सारे काग़ज़ अपने हिसाब से बनाकर सब जगह अपना नाम ठोक लिया होगा...।

तो भाई साहब, मैंने शहर के एक वकील को तैयार किया। उसे लेकर गाँव गया। सब खेत-मकान दिखा दिए। बड़े-बूढ़ों से मिला दिया। फिर पता नहीं क्या हुआ कि तीसरे दिन वकील ने मना कर दिया कि आपके पास सही कागज-पत्तर या प्रमाण नहीं हैं, इसलिए मैं केस नहीं ले सकता। मैं तो सन्न रह गया। बहुत खुशामद-बरामद की। मगर वह बन्दा मानकर ही नहीं दिया। ज़रूर भाई ने या तो उसे माल चरा दिया, या फिर डरा-धमका दिया। मगर साहब, बात यहीं ख़त्म नहीं हुई। एक दिन घर जाकर देखता हूँ तो माँ नहीं है। सारा घर ख़ाली पड़ा है। इधर-उधर पूछा, पास-पड़ोस में देखा। वह तो कहीं निकलती ही नहीं थी। सारा घर सँभालती थी और मेरे पीछे पड़ी रहती थी कि बहू ले आऊँ। कोई रिश्ता ही नहीं आता तो मैं शादी कहाँ से कर लेता। कुछ लोगों के कहने पर एक नर्स से शादी की बात चली तो लड़की ने ही मना कर दिया। हाँ, तो मैं बता रहा था कि माँ खो गई। सारे दिन इधर-उधर भटककर मैं थाने गया। वो साले पूछते हैं कि माँ का दिमाग़ तो ख़राब नहीं था। कहीं निकल गई होगी, हम कहाँ से ढूँढ़कर लाएँ...बोले, उल्लू के पट्ठो, अगर माँ का दिमाग़ ख़राब है तो तुम्हारा फर्ज़ नहीं बनता कि उसे ढूँढ़कर लाओ? कोई आदमी पागल है तो तुम उसकी रिपोर्ट भी नहीं लिखोगे? खैर साहब, मैंने तय किया कि नौकरी जाए भाड़ में, मैं माँ को ढूँढ़कर ही रहूँगा...भाई ने पुलिसवालों की जेब गरम कर दी तो जाएँ साले ऐसी-तैसी में...और मैं माँ को खोजता-खोजता ही यहाँ आया हूँ। मेरे कपड़े और हुलिया देखकर आपको भी अजीब लग रहा होगा। मगर मैं क्या करता। मेरे कपड़ों का बैग ही साले किसी उठाईगीरे ने मार लिया ट्रेन में...अच्छा, आपको नहीं लगता कि मेरे खिलाफ़ एक भयानक साजिश की गई है और मुझे हर तरफ परेशान करने की कोशिश की जा रही है? चलिए, मैं मान लेता हूँ कि भाई ने लालच में ज़मीन-जायदाद मार ली, मुझे और माँ को बेदखल कर दिया...मगर उस सद्भावनावाली मीटिंग के बाद ही क्यों किया? पहले भी तो कर सकता था! पुलिसवाले

रिपोर्ट न दर्ज करें। वकील मेरा केस न लें। माँ ग़ायब हो जाए। ट्रेन में कपड़े-लत्ते उठा लिये जाएँ—जो लड़की मुझसे शादी करने को तैयार थी, वह फटाक से मना कर दे, किसी से सुना था, बैंकवाले मेरे ऊपर तरह-तरह के आरोप लगाकर, मुझे ड्यूटी से ग़ायब दिखाकर मेरे खिलाफ़ कार्रवाई करने जा रहे हैं—और अब मैं वापस जाकर देखूँ कि मेरी गैरहाज़िरी में मेरे घर में चोरी हो गई है, या उस घर में कोई और साहब जा बैठे हैं—इन सारी बातों से मैं क्या समझूँ...? आपको नहीं लगता कि यह बहुत बड़ी साजिश या बहुत बड़ा जाल है और मुझे जड़ से खत्म करने की कोशिश है...मान लीजिए, मैं यहाँ से बाहर निकलूँ और दो आदमी मुझे दबोचकर पेट में छुरा उतार दें, या स्कूटरवाला बैठाने से इनकार कर दे या दनदनाती हुई कोई कार, बस ऊपर चढ़ती चली आए तो इस सबको आप सिर्फ़ एक संयोग और घटना मानेंगे? इन सबके पीछे आपको किसी का हाथ नहीं दिखाई देता...जी नहीं, मैं तकदीर या भगवान को नहीं मानता। पढ़ा-लिखा आदमी हूँ और ऐसे अन्धविश्वासों से दूर रहता हूँ। मगर इतना ज़रूर मानता हूँ कि जो लोग आपको ख़त्म कर देना चाहते हैं, उनके हाथ बहुत लम्बे हैं। उनकी चालें बेहद बारीक हैं और अपनी इन्हीं हरकतों से वे आपको हर समय सताते रहते हैं...।

मैं जानता हूँ, आपको मेरी बातों पर विश्वास नहीं आ रहा। मगर मेरे साथ तो ये सब गुज़रा है, रोज़ गुज़र रहा है—मैं कैसे न मानूँ? और देखिए, मुझे मेहरबानी करके, इस तरह मत देखिए, वरना मुझे आपसे भी डर लगने लगेगा और मैं समझूँगा कि आप भी उसी साजिश में शामिल हैं...।

5.9.87

उसका आना

[यह कहानी शायद पहली बार 61 में लिखी गई थी जनवरी में, हो सकता है, तब इसे एक लघु उपन्यास के रूप में सोचा हो। बीच-पच्चीस पृष्ठों से आगे नहीं बढ़ी। दुबारा कहानी के रूप में लिखा 22.12.83 को। ज़ाहिर है कि सन्तोष नहीं हुआ और पड़ी रही। अब एक बार फिर कोशिश कर रहा हूँ। शायद मन में बना रहा कि 'ईवान इल्यच की मौत' के बाद इस कथ्य पर कुछ भी लिखना हिमाकत है। मगर ज़िन्दगी तो उसके बाद भी चली ही है, लोगों ने सोचना, महसूस करना छोड़ दिया हो, ऐसा भी नहीं है। हरेक ने अपने-अपने ढंग से मृत्यु का साक्षात्कार भी किया है...फिर भी जिस पात्र का अविस्मरणीय अभिनय किसी दिग्गज अभिनेता ने किया हो, उसे किसी दूसरे कलाकार द्वारा उठाना दुस्साहस (या शायद बेवकूफी?) तो है ही, एक अजीब स्नायविक तनाव से गुज़रना भी है, जहाँ सप्रयास आप 'अलग' होने की कोशिश से जूझते रहते हैं। मगर क्या किया जाए, जो जितना ही नासमझ है, वह उतना ही दुस्साहसी भी है, कहानी का मूल ढाँचा वही है... ।]

प्रिय नीति,

औरों की तरह एक तसवीर मेरे भी सपनों और कल्पना में अक्सर आती रही है—बीच में मैं सफ़ेद चादर ओढ़े लेटा हूँ और चारों तरफ़ लोग रो-पीट रहे हैं, उनके पीछे अफ़सोसी चेहरे खड़े हैं। मेरी असामयिक मृत्यु पर, किए-अनकिए महान कार्यों पर दबे स्वरों में बातें हो रही हैं। मैं उन

सब चेहरों को पहचानने की कोशिश कर रहा हूँ। आश्चर्य करता हूँ कि यह लेटा हुआ व्यक्ति क्या अब कभी नहीं उठेगा? औरों की उम्मीदों, आशाओं, ईर्ष्याओं और लगावों के चंगुल से अन्तिम रूप से छूट भागना ही क्या मर जाना होता है? तो क्या मैं खुद नहीं मरता, दूसरे अपने आपसे मुक्त करके मुझे मारते हैं? मन नहीं मानता कि हर मृत्यु एक हत्या होती है। आस-पास खड़े होकर रोते, अफ़सोस मनाते लोग क्या अपने किए हुए का पक्का सबूत देखने को वहाँ होते हैं?

मुझे क्यों लगता है कि पंकज की मृत्यु प्लेन-एक्सीडेंट में नहीं हुई, मैंने उसकी हत्या की है? मैं तो वहाँ कहीं था भी नहीं। चालाक हत्यारे कभी वहाँ नहीं होते जहाँ 'दुर्घटना' होती है। वे तो मेरी तरह असहाय पलंग पर लेटे होते हैं, हर आने-जानेवाले की आँखों में अपनी हत्या की योजनाएँ पढ़ते हुए। हमदर्दी के जिस अन्तिम वार से शिकार का काम तमाम होता है, क्या उसे शिकार पहचान लेता है? पंकज ने किसे पहचाना था?—मैं किसे पहचानूँगा? तुम्हें?

देखा, मेरा सोच कितना बीभत्स और विकृत हो गया है! अपने इस अन्तिम क्षण को मैं गरिमा के साथ क्यों स्वीकार नहीं कर पाता? क्यों नहीं इस सबको मैं महान लोगों की तरह सहज-स्वाभाविक मान पाता? हर क्षण लगता है जैसे मेरे साथ छल किया गया है, धोखे से मुझे इस सूली पर कील दिया गया है। मैं अब कहीं भाग भी नहीं पाऊँगा। मैं पकड़ लिया गया हूँ। नीति, इस तरह अचानक मेरे साथ यह मत होने दो। अभी मुझे बहुत कुछ करना है...देखो, अभी तो शुरुआत भी नहीं हुई है।

मैं हर आने-जानेवाले का हाथ पकड़कर रोता हूँ। मुझे बचा लो। जो जितना ही निकट है, वह उतना ही गहरे मारता है। सारे चेहरों पर अलग-अलग हस्ताक्षरों में एक ही लिखावट है। अब आपको कोई नहीं बचा सकता...काश, शब्दों और भाषा ने ही मेरा साथ दिया होता! सारी ज़िन्दगी ईश्वर मानकर मैंने जिसकी साधना की है, वह अचानक इस तरह कैसे छोड़कर ग़ायब हो सकता है? शब्द और भाषा...। मैं इसी आस्था से तो साँस-साँस में इनसे चिपका रहा कि यह मुझे औरों से जोड़ रहे हैं, इन्हीं पुलों से होकर मैं दूसरों तक पहुँचता हूँ। क्यों कभी, एक

पल को भी शक नहीं हुआ कि मैं बर्फ की चट्टान से चिपका हूँ जो मुझे लगातार ठंडा और जड़ कर रही है और इस प्रक्रिया में खुद गलती चली जा रही है—मुझे मेरे किनारों से दूर ले जाती हुई। और अब अचानक मैं पाता हूँ कि चट्टान कहीं नहीं है, और मैं? लाखों फीट ऊँचे उड़ते जहाज़ से किसी ने मुझे धक्का दे दिया है और पैराशूट की छतरी है कि खुल ही नहीं रही...क्या इसी तरह तुम्हारी भी छतरी नहीं खुली थी पंकज?

पता नहीं तुम कहीं हो या नहीं नीति, लेकिन किसी से तो कुछ कहकर जाना होगा। यह सब बोझ लेकर मैं जाऊँगा कैसे? और मान लो, तुम हो भी तो यह पत्र जो हर क्षण मेरे मन में आकार लेता रहता है, तुम तक पहुँचेगा? हिन्दू हूँ और स्वीकार नहीं कर पाता कि तुम कहीं नहीं हो! तुम हो और जरूर हो नीति—हो सकता है, तुम्हारा शरीर और नाम बदल गए हों। अच्छा, आत्महत्या करनेवाले दुबारा जन्म लेते हैं न? मगर नहीं, तुमने आत्महत्या कहाँ की थी? तुम्हारा तो सिर्फ़ बेध्यानी में पाँव फिसला था न? क्या खोजने गई थीं तुम उन पहाड़ी ऊँचाइयों पर? जो हम दोनों के हाथों से फिसलकर समय की नदी में कहीं बह गया, वह क्या अभी तक चीड़ और देवदारु के पेड़ों या ढलानों और घाटियों में कहीं अटका था कि तुम्हें मिल जाता? और मिल भी जाता तो क्या करतीं उस सबका?...नहीं...नहीं, वह सब छोड़ो। यह पत्र तुम्हें ज़रूर मिलेगा... ज़रूर मेरी याददाश्त मुझे धोखा दे रही है। पहाड़ी चट्टान से फिसलकर तो मेरी एक कहानी की नायिका मरी थी। सब कुछ इतना गड्डमड्ड क्यों हो रहा है?

सोचता हूँ, इतने दिनों बाद यह पत्र पाकर तुम्हें कैसा लगेगा? हो सकता है, आश्चर्य और प्रसन्नता से तुम नाच उठो। हो सकता है, इस अप्रत्याशित आवाज़ से स्तब्ध रह जाओ—जैसे प्रेतलोक से किसी ने नाम लेकर पुकारा हो...या यह भी हो सकता है कि तुम पहचान ही न पाओ कि यह पत्र किसका है? लिफाफा उलटते-उलटते, परिचित-अपरिचित के बीच बैठी सोचती रहो कि यह कौन है जो चालीस-पैंतालीस साल चौड़ी अँधेरे की नदी के उस पार से आवाज़ पहचानने को कह रहा है? याद है, कभी हम लोगों ने एक नाटक देखा था, पीटर उत्सिनोव का 'फ़ोटो-फ़िनिश'...उसमें पचास-साठ साल का सैम टेप पर कुछ बातचीत,

बहसें, झगड़ा और हँसना-खिलखिलाना सुनता है : आवाज़ें एक लड़की और लड़के की है। उसे याद नहीं आता कि इस टेप में ऐसा क्या है जो इसे इतने सँभालकर रखे हुए है? बड़ी मुश्किल से वह पहचान पाता है कि अरे यह खुद ही तो है, पच्चीस साल पुराना सैम और उसकी प्रेमिका...तब हम लोगों ने बहस की थी—नहीं, ऐसा सम्भव नहीं है। और आज जो हुआ...? आदमी का भविष्य कैसी छोटी-छोटी घटनाओं से कभी-कभी अपने आने की सूचनाएँ देता है, और जब वह सब अतीत हो जाता है तो हम उसमें से अपने अभिनन्दन की मालाओं के लिए उज्ज्वल फूल चुन लेते हैं...।

आज मैं बहुत बड़ा लेखक हूँ...पचासों किताबों, कहानियों, उपन्यासों, विचारों और चिन्तन का स्रष्टा...हमेशा मंच और कैमरों की चकाचौंध के बीच मुसकराता, दुनिया भर के सम्मानों, अभिनन्दनों और पुरस्कारों को सायास उपेक्षा और लापरवाही से देखता—'ये सम्मान, अभिनन्दन और पुरस्कार रचनाकार को मार देते हैं, भगवान के लिए मुझे इनसे बचाइए...' हर नए मंच से मैंने दर्द-भरे स्वर में यही कहा है! किसे मालूम है कि एक-एक अभिनन्दन और एक-एक पुरस्कार के लिए मैंने कितने दंड पेले हैं, लोगों को समझाया है कि जो समाज लेखक का सम्मान नहीं करता, वह भ्रष्ट और पतित है, मेरा सम्मान करो और अपने को उठाओ...छोटे-से-छोटे सम्मान के लिए किस तरह सेठों और अधिकारियों के यहाँ चक्कर लगाए हैं, झूठे और दिखावटी चेकों के रूप में पुरस्कार लिये हैं ताकि असली जगहों पर मेरा भाव बढ़े...अपने और दूसरों के बारे में आज तक मैंने जो कुछ भी कहा है, सब झूठ कहा है। एक बहुरुपिए की तरह मैं लोगों को सिर्फ़ धोखा देता रहा हूँ और लोगों से अधिक अपने आपको विश्वास दिलाता रहा हूँ कि जो भी मैं पेश कर रहा हूँ—वही सच है, वही सही है। लेकिन आज वे सारे भीतरी सच उलट-उलटकर डस रहे हैं जो अभी तक कहीं मन के अँधेरों में कुलबुलाते महसूस होते हैं। कितने कम लोग जानते हैं कि आदमी की ज़िन्दगी वह बिलकुल नहीं होती जो वह अपने आपको और दूसरों को बताता है—उसकी ज़िन्दगी को ढालनेवाली होती हैं उसकी सफलताएँ, अपमान, कुंठाएँ, टुच्चेपन और नीचताएँ...और उन्हें उसी रूप में पहचानने का

साहस...काश, यह साहस भी मेरे लिखने की प्रेरणा रही होगी...आज से पहले मैं उन्हें कलमबन्द करने की हिम्मत जुटा पाता...यह पत्र मैंने तुम्हें पहले लिखने की बात सोची होती...!

मगर अब भी कहाँ नीति, मैं यह सब लिख कहाँ रहा हूँ? एक विराट शून्य में धीरे-धीरे घिरते बादलों की तरह जो कुछ सोच का आकार ले रहा है, काश, मैं उस सबको किसी लिपि में बाँध पाता और तुम्हारे आश्चर्य को, सच को जानकर स्तब्ध हो जाने के झटके को महसूस कर पाता कि कैसे तुम पत्र पढ़ती जाती हो और याद करने की कोशिश करती हो कि यह किसका हो सकता है? अदृश्य होकर तुम्हारे आस-पास बने रहने की पागल आकांक्षा भी आज कैसी बेगानी लगने लगी है; मगर अपने मन में आती हर बात को तुम्हें पत्र में लिखने की या और भी सही कहूँ तो लिखने से ज्यादा मन-ही-मन अपने को लिखते देखने की आदत अभी भी वैसी ही है...।

मगर तुम जानती हो, मैं लिख नहीं सकता। करवट बदलने के लिए भी मुझे सन्ध्या को बुलाना पड़ता है, पलंग के बाईं ओर से स्टूल पर रखी घंटी बजाकर। ऊपर से नीचे तक दाहिना अंग बिलकुल चेतनाहीन हो गया है—हाथ-पाँव, आँख, कान, कोई हिस्सा काम नहीं करता। इसलिए घंटी की ही भाषा हम लोगों ने तय कर ली है। कोशिश करने पर भी मुँह से आवाज़ नहीं निकल पाती। तुम सोच नहीं सकतीं कि भीतर कैसी छटपटाहट होती है। डॉक्टर दत्तराज कहता है कि अब कोई उम्मीद नहीं है। लकवे का यह हमला किसी दिन यों ही मुझे सोता छोड़ जाएगा...हर बार सोते हुए अपना पथराया दाहिना अंग बिलकुल ऐसा लगता है जैसे मौत के साथ सो रहा हूँ। सुबह उठता हूँ तो किसी दुर्घटना से बच आने जैसी अनुभूति होती है। याद नहीं आता, कभी ईश्वर जैसी किसी शक्ति ने अपनी ओर खींचा हो, या वह मेरी चिन्ता और सोच का विषय रहा हो, मगर न जाने कहाँ से एक चमत्कार का विश्वास घर कर गया है—एक दिन उठूँगा और देखूँगा, अरे मैं तो बिलकुल ठीक हूँ—कहीं भी तो कुछ नहीं है; साथ ही यह भी जानता हूँ कि यह चमत्कार कभी नहीं घटेगा—कितने चमत्कारी साधुओं और ज्योतिषियों को नहीं घेरा सन्ध्या ने...

मन के भीतर कहीं एक चित्र जैसे फ्रीज कर दिया गया है : अँधेरी

घटाटोप रात है और सागर के किनारे कोई छायाकृति-सी खड़ी है। शायद वह मैं ही हूँ। सामने लहरें गरज रही हैं और रह-रहकर झागों की लम्बी कौंध झलमला उठती है, वरना निगाहों के सहारे के लिए कहीं कोई तारा, कोई दीप या प्रकाश-किरण नहीं है। तेज़ दौड़ती हवाओं में मनहूस-सी साँय-साँय है और हमेशा आशंका बनी है कि न जाने कब कोई तूफ़ानी लहर आए और नीचे का कग़ारा धसक उठे...कोई एक रील थी, किसी चर्खी में लिपटा फ़ीता था और उसे मैं जाने कहाँ से फैलाता हुआ सागर के अन्तिम किनारे तक ले आया हूँ—जैसे बहुत बड़ी चर्खी में लिपटे तार को मज़दूर सड़क के किनारे खोलते-फैलाते ले जाते हैं। और यहाँ आकर पाता हूँ कि अचानक रील ख़त्म हो गई है। खाली और सूने हाथों में सागर का सामना करते हुए डर लगता है। अभी तक तो एक काम था, एक फ़ीता था और इसे फैलाने में ही मैं अपने आपको उलझाए था। लगता था, मैं कुछ कर रहा हूँ। फीते का एक-एक घेर खोलते जाने में अपनी सामर्थ्य और सफलता का गर्वीला रोमांच झनझनाया करता था; कहीं मन धसक भी उठता था, पता नहीं कितनी डोरी और बची है?

सत्तर घेरे...क्यों नीति, सत्तर घेरे बहुत अधिक तो नहीं होते? सुनते हैं, विदेशों में लोग साठ-सत्तर की उम्र पर अपनी ज़िन्दगी शुरू करते हैं। हमें ऐसा लगता है कि बस, अब आख़िरी छोर आ गया है? पूँजी तो पचास पर ही चुक गई, अब तो बोनस पर दिन कट रहे हैं। तीसरी या चौथी क्लास में पढ़ी एक कविता की पंक्तियाँ निश्शब्द गूँजती रहती हैं, 'अनीस जागो, कमर को बाँधो, उठाओ बिस्तर कि वक़्त कम है...।' पिछले चार-पाँच महीनों से बोलने की कोशिश करता हूँ तो गों-गों की आवाज़ निकलती है, सामनेवाले के चेहरे को देखता हूँ कि वह दया से सिर्फ़ सुन रहा है, समझ नहीं पा रहा, और लाचारी में हाथ पटककर मैं रोने लगता हूँ...कितना अश्लील और बीभत्स लगता है रोता हुआ आदमी! अपने भीतर संघर्ष करता हूँ, छटपटाता हूँ और पुराने अभ्यास से कहीं डायरी में नोट करता हूँ कि इस द्वन्द्व को किसी कहानी-उपन्यास में, इस्तेमाल करना है! लगता है जैसे यह स्थिति नई नहीं है, बीसियों बार मैं इससे गुज़रा हूँ। ऐसा क्यों होता है कि अपनी जिस विलक्षण क्षमता को साधकर हम दुनिया भर को चमत्कृत कर देते हैं, वह आख़िरी वक़्त

अचानक साथ छोड़ देती है—जैसे जिस घोड़े पर बैठकर हमने दिग्विजय की हो, घोर संकट के काल में वही हाथ-पाँव तोड़कर आपको नीचे गिरा दे। पचासों भाषाओं को अधिकारपूर्वक लिखने, बोलनेवाले और दुनिया भर की घुमक्कड़ी के दौरान, एक-से-एक गम्भीर, गवेषणात्मक दार्शनिक ग्रन्थों को सिर्फ़ स्मृति के सहारे ही लिख डालनेवाले राहुल सांकृत्यायन—आख़िरी दिनों में अपनी याददाश्त खो बैठते हैं और बच्चों की तरह से रो-रोकर बार-बार पूछते हैं, 'हमारा नाम क्या है?' अपनी वाणी से हज़ारों-लाखों श्रोताओं को मंत्रमुग्ध रखनेवाले बालकृष्ण शर्मा 'नवीन' अचानक पाते हैं कि वे कुछ बोल ही नहीं पा रहे, गहरी संवदेनाओं, दार्शनिक बारीकियों और विचारों के अनजान नक्षत्रों की यात्राएँ करनेवाले और वह भी सिर्फ़ बोल-बोलकर लिखाते हुए जैनेन्द्र एक दिन अपनी आवाज़ खो बैठते हैं, हर भाषा और स्वर को सुन-सुनकर काग़ज़ पर हू-ब-हू उतारनेवाले अमृतलाल नागर सहसा सुनने से लाचार हो जाते हैं...भारतीय कहानी का दिग्गज शिल्पी राजेन्द्र सिंह बेदी, सिर्फ़ बच्चों की तरह रोता है...क्या बहुत लोड पड़ने पर फ्यूज उड़ने जैसी ही यह भी कोई दुर्घटना है?

मैं ही तो अक्सर कहा करता था, 'आदमी अपनी मृत्यु खुद अर्जित करता है।' ईसा ने की, गांधी ने की, मार्टिन लूथर किंग ने की...तो क्या अपने इस अन्त को मैंने ही चुना था? नहीं नीति, नहीं। मैंने कभी इस तरह घिसट-घिसटकर नहीं मरना चाहा। मैंने तो हमेशा यही आकांक्षा की कि एक दिन सोऊँ और फिर सोता ही रह जाऊँ...यह आँखें खोलकर अपने चारों ओर देखते रहना, तिल-तिलकर सुन्न होते जाने को महसूस करना और सिर्फ़ एक असहाय लाचारी को साँस-साँस में जीना—यह तो मेरी किसी योजना में नहीं था। लोग कहते रहे हैं कि मेरे हर काम के पीछे एक गणित होता है, योजना होती है और मैं सहज रूप से कभी कुछ नहीं कहता या करता...कहाँ गई वह आर-पार देख लेनेवाली बारीक नज़र, शतरंज की अगली पाँच-छह चालों को समझकर अपना पहला क़दम उठाने की सावधानी?

क्या यही सब मैंने अर्जित किया था कि दिन भर चुपचाप पड़े-पड़े वार्डरोब को ताकता रहूँ कि ये उन नाटकीय भूमिकाओं की सामग्री है जो

मैंने अलग-अलग निभाई है, ये वे प्रशस्तिपत्र, अभिनन्दन स्तुतियाँ हैं जिनके लिए मैं ज़िन्दगी भर जोड़-तोड़ करता रहा, ये वे चित्र-विचित्र सुवेनियर हैं जो दुनिया भर से बटोरे हैं—बग़ल में अलबमों के ढेर हैं जिन्हें अब देखने को मन नहीं करता...सामने छत तक चुनी हुई अख़बारों की फाइलें हैं जिनमें वह सब बन्द है, जो आस-पास से गुजरता रहा है या जिनमें मैंने मंडेला की सत्ताईस साल बाद रिहाई नहीं, सिर्फ़ अपने उपन्यास की गोष्ठी की ख़बर ही पढ़ी थी...आपस में गड्डमड्ड भीतर अख़बार और अलबम निरन्तर खुलते और बन्द होते रहते हैं जिनमें एक-दूसरे को ढँकती सिर्फ़ मेरी तसवीरें हैं...और मैं हूँ कि खुले जंगले से चीज़ों को, लोगों को, आते-जाते देखता रहता हूँ, कभी दरवाज़े और खिड़कियों पर पड़े पर्दों के तिकोने आकारों को ताकता हूँ तो कभी घूमते पंखे के बीच बनी गोल-मोल चक्कर खाती धारियों को...सुनता हूँ कि अन्दर घर में सन्ध्या और मंजुल क्या कर रहे हैं, नौकर फ़र्श साफ कर रहा है, पोंछा लगा रहा है, उधर कोई मेहमान आया है और चाय की प्यालियाँ खनक रही हैं—हो सकता है, इधर लाया जाए और दया-असहायता के उसी नाटक से फिर एक बार गुज़रना पड़े—बाहर किसी का मकान बनकर चुका है और उसकी चौखट, दरवाज़ों या फर्नीचर के लिए लकड़ी चीरती आरी घर्र-घर्र करती रहती है, रन्दा लकड़ी छीलता रहता है और कुछ-न-कुछ ठुकता रहता है...।

पहले जब मैं मुड़कर देखता था तो लगता था, जैसे समानान्तर देख रहा हूँ, आज सिर्फ़ पीछे ही देखता हूँ...आज तो जैसे हर चीज़ प्रतीक रह गई है...अपना रूप-रंग खोकर मेरे भीतर उतर आई है, संजय के बच्चे का टूटे हाथ-पाँववाला बबुआ न जाने कितने अर्थ देने लगा है। दस बजे तक धूप का तिरछे होकर लौटना, एक बिन्दु तक आकर सिमटना, तरह-तरह की आवाज़ें, गाड़ियों के दरवाज़ों का खुलना, बन्द होना, स्टार्ट करने की गुर्राहट, लोगों के आने-जाने, विदा और स्वागत की शब्दावलियाँ, सब कुछ इतना परिचित और अभ्यस्त हो गया है कि मेरे न चाहने पर भी मेरे भीतर घटित होता रहता है, मगर लगता है, यह सब कार्य-व्यापार मुझसे अलग और दूसरे लोक में चल रहा है और वह तो मैं ही हूँ जो अपनी तरह, छोटी-से-छोटी चीज़ से अपने को जोड़े रखता

हूँ।...सोने और जागने के बीच की स्थिति में अपने बाहर और भीतर आता-जाता रहता हूँ, अपने को बहकाता रहता हूँ कि देखूँ, आगे क्या होता है...इस बिस्तर से बँधकर जैसे मैं देश-काल से मुक्त हो गया हूँ... शायद बहुत ऊपर, धरती के गुरुत्वाकर्षण से छूटकर लोग शून्य में इसी तरह तैरते होंगे...जिधर मन हुआ, फिसलते चले गए...मैं बार-बार अपने को खींचकर वापस लाता हूँ।

यह कॉलोनी थोड़ी-सी ऊँचाई पर बनी है। इसीलिए नीचे बहुत दूर वहाँ प्लांट दिखाई देता है जहाँ सुबह लोगों की कतारें, साइकिलें, कारें और ट्रकें रेंगती हुई भीतर कहीं अदृश्य हो जाती हैं और शाम को फिर वापस निकलने लगती हैं। आवाज़ें यहाँ तक नहीं आतीं—समय बतानेवाले भोपूँ को छोड़कर। वह शिफ्टें तय करता है। पास में दुनिया भर की घड़ियों के बावजूद हम सब उसी से समय का अन्दाज़ा लगाया करते हैं। कामों को बाँटते हैं। जब पीछे तकियों की टेक लगाकर बैठा दिया जाता हूँ तो उस विराट फैक्टरी को, उसके विस्तार को इस तरह देखता हूँ जैसे हवाई जहाज़ से किसी और लोक को देख रहा हूँ। किस अनजान दुनिया के लोग हैं ये? कभी ध्यान भी नहीं आता कि मैं खुद कभी इस सबका एक हिस्सा रहा हूँ। टूटा हुआ पुर्ज़ा जो एक तरफ़ कबाड़ के ढेर में पड़ा है और मौसम और ज़ंग जिसे धीरे-धीरे चाट रहे हैं...मगर क्या सचमुच कभी इसका हिस्सा था? तब भी क्या अपनी ही ऊँचाइयों और महानताओं के पार मुझे सब कुछ इतना ही दूर नहीं लगता था? हाँ, तब मैं सब कुछ था और बाकी सब कुछ नहीं था...अब मैं कुछ नहीं हूँ तो क्यों चाहता हूँ कि बाकी सब कुछ हो?

सन्ध्या अभी-अभी मुझे गले तक चादर से ढँककर गई है, यह सोचकर कि शायद मुझे नींद आ जाए। बैठी-बैठी मेरे माथे पर हाथ फेरती और पल्ले या तौलिया से मेरी आँखें और होंठ पोंछती रहती है। पंकज मेरा ही तो बेटा नहीं था, इसका भी तो था...इसे भी तो उसके जाने का दुख मुझसे कम नहीं है...अक्सर चुप-चुप रोती रहती है, मगर मैं जब रोता हूँ तो मुझे समझाने लगती है और मैं अपने आपको पंकज की तरह महसूस करने लगता हूँ। उस समय सन्ध्या मेरी माँ होती है... सचमुच माँ की तरह ही तो सहा है ज़िन्दगी भर इसने मुझे...कब था एक

पल भी मेरे पास इसके लिए...? पहले महान बनने का संघर्ष था, और उसमें यह कहीं नहीं थी। सिर्फ़ एक झुँझलाहट, झल्लाहट और खीज थी कि मेरे गले में यह कैसा पत्थर बाँध दिया गया है कि मैं ऊपर उठ ही नहीं पाता। अनपढ़, जाहिल और हर वक्त दुनियादारी में खींचती। इससे मेरा क्या संवाद हो सकता है...? और फिर जब जैसे-तैसे मैं 'महान' हो गया तो फुरसत कहाँ थी कि इसकी तरफ़ देखूँ—कहीं कमरे में किताबों के साथ बन्द मैं, यानी बहस करते, झगड़ते साथी लेखक, जिज्ञासाएँ लेकर आनेवाले शोध-छात्र, प्रश्नावलियों के साथ इंटरव्यूकार, यात्राएँ और गोष्ठियाँ, एक-से-एक नख़रेवाली पाठिकाएँ—कहानियों और कविताओं के क्षेत्र में पाँव जमाने के लिए कहीं भी बिछ जानेवाली नवोदिताएँ...और भीतर के कमरों में फटकारे-पीटे जाते बच्चे, तवे पर सिंकती रोटियों पर टपकते आँसू...पचास सालों से यही सब तो दिया है मैंने इसे...मेरी अपनी दुनिया के किसी कोने में सन्ध्या कभी रही ही नहीं...या शायद मैंने जाना ही नहीं कि कब और कैसे यह धीरे-धीरे मेरे अस्तित्व में समाती चली जा रही है...लगातार घनी होती एक मानसिक और शारीरिक ज़रूरत...जैसे एक कमरा या कलम हो जाता है और उसके बिना आप अनाथ महसूस करते हैं...कभी-कभी कल्पना करने लगता हूँ कि बीच-बीच में जैसी स्थितियाँ आई थीं, उनमें यह मेरी जिन्दगी से निकल गई होती और इसकी जगह तुम होतीं तो क्या सब कुछ आज की तरह ही होता? तब भी क्या मैं इसी तरह बिस्तर पर लेटा-लेटा अन्त की आशंकित प्रतीक्षा कर रहा होता?...और तब क्या यह पत्र तुम्हें नहीं, इस सन्ध्या को लिखा जाता?...नहीं, वह सब अब मैं सोचता भी नहीं हूँ...वे सारे विकल्प ही नकली लगते हैं। चुनावों के ये सारे अभिशप्त द्वन्द्व क्या हमारे ही लिए थे? संजय और उसके दोस्तों को देखता हूँ तो लगता है, इस तरह की दुविधाएँ शायद इनके सामने नहीं हैं...इन्होंने नई और पुरानी दो संस्कृतियों में एक साथ साँसें नहीं ली हैं...क्या कभी ये लोग सोचेंगे कि इन्हें इस बिन्दु तक लाने में हम किन महाभारतों से गुज़रे हैं, कितनी सीताएँ हमारे भीतर जनमी और मरी हैं?

लेकिन विश्वास करो, अब मैं कुछ नहीं सोचता। कोई और है जो मेरे पास बैठा-बैठा यह सब सोचता रहता है। मैं तो अवसन्न पड़ा-पड़ा

देखता रहता हूँ अपने 'पड़ोसी' को—इस शव को। कभी-कभी लगता है, जैसे मैं अस्पताल में हूँ और मेरे साथवाले 'बेड' पर वह लेटा है...उसी के पास लोग आते-जाते हैं, मिलते हैं, धीरे और एहतियात से बोलते हैं. ..। पंकज की जवान मौत पर संवेदना प्रकट करती है...मेरी इस बीमारी और दशा को उस मौत के सदमे से जोड़ते हैं—मेरी योग्यताओं, सेवाओं और निष्ठा की प्रशंसा करते हैं—हँसते हैं और बातें करते-करते झटके से चुप हो जाते हैं। हवाई जहाज में विस्फोट हो गया था और वह वहीं समुद्र में जा गिरा था। किसी के भी बच जाने का कहीं कोई सवाल ही नहीं था। लेकिन लोग ऐसा आँखों-देखा हाल सुनाते हैं जैसे वे भी वहीं कहीं हों...पंकज की अन्तिम गतिविधियों और बोले गए शब्दों को दुहराते हैं... कैसे विस्फोट हुआ, फिर पायलट यानी पंकज ने क्या किया...या कैसी बाकी सभी साथियों को कूद जाने की जिद थी...फिर कैसे जहाज़ के टुकड़े-टुकड़े हुए...जैसे फ़िल्म में एक-एक टुकड़े को गिरते देख रहे हों.. .उनके साथ-साथ मैं भी तो देख रहा होता हूँ...याद है सन्ध्या, मैं कहा करता था कि मैंने कल्पनाओं के आकाश में उड़ानें भरी हैं, अनजान नक्षत्रों और लोकों की यात्राएँ की हैं और यह पंकज मेरा ही विस्तार है... वास्तविक आकाश में उड़ानें भरता...पंकज चौबीस साल का था...क्या यह भी संयोग ही है कि उसी उम्र में मेरे जहाज़ में भी विस्फोट हुआ था और मेरे टुकड़े-टुकड़े भी चारों तरफ बिखर गए थे...कहते हैं, पंकज की शक्ल, कद-काठी मुझसे हू-ब-हू मिलती थी...क्या वह भी मेरे ही विस्फोट के इतिहास को दुहराने का अभिशाप जी रहा था...? मैंने कहा न, मेरा गुरुत्वाकर्षण छूट गया है और मुझे हर बात सही और ग़लत एक साथ लगती है, लेकिन छूता कुछ भी नहीं है।

हमारे पुराने घर की एक कोठरी में रहती थी गुप्ताइन बुआ...वे कहाँ से, कैसे आकर रहने लगीं, कोई नहीं जानता। बस, वह थीं और उनकी बारह-तेरह साल की विधवा बेटी थी निम्मा। बुआ घर के काम में हिस्सा बँटातीं और बेटी को पीटती रहतीं। उसे न कहीं खेलने की इजाज़त थी, न अच्छा पहनने-ओढ़ने की। इतनी छोटी उम्र में करुणा और उदासी की ऐसी प्रतिमूर्ति मैंने कभी नहीं देखी। बड़ी-बड़ी याचना भरी आँखें और पीला बीमार-सा चेहरा...हम लोग खेलते, पढ़ते और वह सिर्फ़ बैठी-बैठी

देखती। बुआ उसके भविष्य को लेकर रोती और अक्सर हरिद्वार या वृन्दावन छोड़ आने की बातें करतीं। दोनों माँ-बेटी का खाना अलग उसी कोठरी में बनता और वह निम्मा ही बनाती, बुआ हमारे घर के कामों में ही लगी रहतीं। पता नहीं क्यों निम्मा मुझे बहुत खींचती थी, अच्छी लगती थी। शायद घर में यह फुसफुसाहट भी थी कि निम्मा हमारी सौतेली बहन है। बाद में मुझे सोच-सोचकर आश्चर्य होता था कि घर में यह स्थिति स्वीकृत और सामान्य थी। नौकरानी की हैसियतवाली बुआ और तेरह साल की बीमार मुरझाई निम्मा। मुझे उसकी बड़ी-बड़ी आँखें और हलके सुनहले, बिखरे बाल ही याद हैं। फिर पता नहीं क्यों, घर में एक दिन बहुत हंगामा मच गया और दोनों माँ-बेटी को पास के शहर में 'सुराज आश्रम' पहुँचा दिया गया। अगली पढ़ाई के लिए जब मैं भी उस शहर में पहुँचा तो रोज़ शाम को वहाँ जाने लगा। आन्दोलनों और स्वतंत्रता-संग्राम के दिन थे और वालंटियर लोग तरह-तरह से समाज-सेवा में लगे थे। मैं प्रौढ़-शिक्षा से जुड़ा था। सारे दिन दोनों शायद सूत कातती थीं और वहीं की एक झोंपड़ी में रहतीं। बुआ मेरी बहुत खातिर करतीं–घर की बातें पूछतीं और मैं निम्मा को पढ़ाया करता...सारी बातें याद नहीं, सिर्फ़ इतना ध्यान है कि मैं निम्मा को बहुत प्यार करता था और उसके साथ विवाह के सपने पाला करता था। वह भी बड़ी हो गई थी और कमरे पर आने लगी थी। मैं उन दिनों अपने आपको हीरो और क्रान्तिकारी के रूप में मानता और विधवा से विवाह करके तहलका मचा देने के रोमांच से भरा रहता। उसी नशे में मैं कविताएँ और कहानियाँ लिखा करता और सारी दुनिया को हिक़ारत से देखता–इन्हें क्या मालूम कि मैं क्या हूँ और क्या होने जा रहा हूँ! पहली बार तब मैंने अपनी रचनाओं की नायिका का नाम 'नीति' रखा था। वह कभी क्रान्तिकारियों के दल की नेता होती थी तो कभी नारे लगाती हुई गोली खाकर मर जानेवाली शहीद...मगर फिर मैं अचानक ऋषिकेश भाग गया, साधु होने। निम्मा गर्भवती हो गई थी और मैं उस स्थिति का सामना नहीं कर पाया था...मालूम नहीं, उसे बुआ ने कुछ खिला-पिलाकर मार दिया या वही किसी कुएँ-नदी में डूब मरी... मरने की कोशिश मैंने भी की थी ऋषिकेश में। मगर बचा लिया गया और साधुओं के साथ न जाने

कहाँ-कहाँ भटकता फिरा। उस शहर का नाम सुनते ही जैसे काँपने लगता था। मुझे शान्ति चाहिए थी—चाहे वह गाँजे की लपट में हो या आवारा कुत्ते की तरह कहीं भी खा लेने और सो रहने में या फिर धर्म और दर्शन की किताबों में। बरसों अपने भीतर एक धिक्कार ही सुनाई देता रहता—नीच, कमीने, पापी।...एक ही सवाल था और मैं उससे भागता था कि क्या सचमुच नीति—नहीं, निम्मा मेरी बहन थी? सचमुच मैंने उसके साथ धोखा किया? यह भी तो हो सकता है कि वह कोई और रहा हो...दिमाग़ में यह बात आते ही मैं दोनों हाथों से अपने बाल और मुँह नोच लेता, गालों पर दनादन थप्पड़ मारता, हफ्तों भूखा रहता और बीमार हो जाने या चोट खाने पर कभी इलाज नहीं कराता। नंगे पाँव चलता था और घंटों धूप या कोहरे में खुले आसमान के नीचे पड़ा रहता...कलम हाथ में लेते ही जैसे हाथ-पाँव सुन्न हो जाते। बोलता तो बोलता ही रहता और चुप हो जाने पर याद ही नहीं रहता कि बोलना भी जानता हूँ...मुझे किसी भी स्थिति में चैन नहीं था। पता नहीं, यह स्थिति दो साल रही या चार साल...।

नीति, शायद वही सब रहा होगा कि कुछ सवाल मेरी ज़िन्दगी और सोच के एकमात्र केन्द्र बन गए—न कभी मैं उनसे पीछा छुड़ा पाया, न ऊपर उठ पाया...हमें जो सम्बन्ध दिए गए हैं, वे असल में क्या हैं? शरीर, सेक्स, वासना क्या हमारे गहरे और आध्यात्मिक सोच में भी साथ होते हैं या निराकार ऊँचाइयों के रहस्यलोक में यह सब कुछ पीछे छूट जाता है? समाज और संस्कारों से हम मुक्त हो सकते हैं? क्या हम किसी दूसरे के लिए ज़िम्मेदार होने का दम्भ पाल सकते हैं? शरीर को माध्यम बनाकर नारी अपनी प्रकृतिदत्त सीमाओं से मुक्त नहीं हो सकती? सेक्स से भागना हिंसा है या इसे भरपूर जीना? नारी माँ होने के नाते ही क्षमाशील और सहिष्णु है या उसकी मूल प्रकृति ही ऐसी है? नीति, मैं अपने हर भाषण, हर वार्तालाप और हर रचना में इन सवालों से जूझ रहा था और वे मुझे खूँखार जानवरों की तरह भँभोड़ और चींथ रहे थे। फिर मैंने अचानक पाया कि लोग मेरी रचनाओं में नई तरह की गहराइयाँ देख रहे हैं और मैं महत्त्वपूर्ण लेखक होता चला जा रहा हूँ। पता नहीं, मैं दार्शनिक था या लेखक, मगर मैं सिर्फ़ अपने आपसे लड़ रहा था, जितना ही बारीकियों में जाता उतना ही उलझता चला जाता। सिर्फ़ एक आवाज़ थी और उसे मैं दबा नहीं पाता

था—ये सवाल कहीं नहीं ले जाएँगे, इन कलाबाजियों से तुम, लोगों के बीच चिन्तक, दार्शनिक या जीनियस चाहे जो बन जाओ—तुम्हें खुद अपने में न शान्ति मिलेगी, न मुक्ति...।

आज की इलेक्ट्रॉनिक घड़ियों में तुमने देखा होगा, एक बार घंटे और मिनट चमकते हैं तो दूसरी बार दिन और तारीख़...मैंने अपनी साँस-साँस में न जाने कब से इसी तरह दो शब्दों को जलते-बुझते महसूस किया है, हर पल, हर क्षण, सोते-जागते, ग़लत...व्यर्थ...ग़लत...व्यर्थ...और मेरी सारी दौड़ सही और सार्थक की तलाश रही है...नारी क्या है? पुरुष की शक्ति या कमज़ोरी, उसकी क्षमताओं को धार देनेवाली सान या उसे ले डूबनेवाला पत्थर...सहगामिनी या रहनुमा?

मैं शायद ज़िन्दगी भर इन्हीं सवालों के इर्द-गिर्द मँडराता रहता लेकिन एक और कचोट थी जो हर समय पंजे गड़ाती रहती थी : जब देश में इतना कुछ हो रहा है, युवकों की टोलियाँ गोली और लाठी खा रही हैं, सत्याग्रह और अनशन कर रही हैं, हवालातों और जेलों में लाइनें लगाई जा रही हैं, तिरंगे और वन्दे मातरम् पर कुर्बान हुई जा रही हैं, पिस्तौलों और बमों से खेल रही हैं तो मैं बैठा नारी की पहेली को सुलझा रहा हूँ...चाहे भावुकता और उच्छ्वास में ही लिखा हो, मगर उस 'दुर्घटना' से पहले मैंने देश की आज़ादी के लिए कुर्बानी देनेवालों के गीत गाए हैं, आज स्वदेशी कपड़ों, वस्तुओं के खिलाफ़ या नशाबन्दी के लिए पिकेटिंग करती नारियाँ मुझे क्यों आकर्षित नहीं करतीं? क्यों मुझे यह सब नकली और दिखावटी लगता है और इस सबके पीछे दिखाई देती हैं दया के लिए भीख माँगती दो कातर आँखें? और अपने इसी नरक से घबराकर मैंने स्वदेशी आन्दोलन से जुड़ने की कोशिश की—उनके पक्ष में भाषण दिए, लेख लिखे। हर रोज कोई-न-कोई आता रहता और रात-रात भर हम लोग योजनाएँ बनाते, बहसें करते और शासन के खिलाफ़ रणनीतियाँ बनाते। ये मेरे घोर ग़रीबी और संघर्ष के दिन थे। दो बच्चों के साथ सन्ध्या किस तरह रोटी-पानी का जुगाड़ करती थी—वही जाने। उस समय लिखनेवाले कम थे और मेरे लेखन में अजीब धार थी। पत्र-पत्रिकाएँ पाँच-दस रुपए तो लेखों, कहानियों के ही देती थीं। उससे दो वक़्त सूखी रोटी खाई जा सकती थी, लंगर नहीं चल सकता

था। मेरे उपन्यास 'अजीता' को चार प्रकाशक लौटा चुके थे, फिर उसे एक प्रकाशक ने हिम्मत करके छाप डाला। छपा तो तहलका मच गया। शैली के चमत्कार और कथ्य के धिक्कार पर रोज़ ही लेख आने लगे। इसमें मैंने क्रान्तिकारियों के ऐसे गुप्त संगठन को केन्द्र बनाया था जहाँ सब युवा थे और हर क्षण मारने-मरने को तैयार रहते थे। उनके बीच थी एक परम तेजस्वी युवती 'अजीता'—पूरी तरह देश को समर्पित। अकुंठ भाव से उनमें से हरेक को वह खुलकर अपना शरीर देती और इन्हें मानसिक कुंठाओं से मुक्त रखती ताकि वे अधिक स्वस्थ भाव से देश को समर्पित हो सकें। मैंने यही नैतिक सवाल उठाए थे कि अजीता की यह कुर्बानी थी या कामान्धता, वह द्रौपदी थी या आम्रपाली? तुम्हें याद होगा, इसी आइडिया पर दूसरे महायुद्ध में 'वैकाई' भरती की गई थीं—मैं अपनी सफलता में अन्धा होकर पता नहीं किन आसमानों पर उड़ रहा था कि तभी वह दूसरा विस्फोट हुआ और उसने मेरे दूसरे बाजू के परखच्चे उड़ा दिए...।

तुम्हें याद है नीति, उन्हीं दिनों हमारे यहाँ एक युवक आया करता था। अजीब मोहिनी थी उसकी शक्ल-सूरत, बातचीत, उठने-बैठने में। सन्ध्या तो उसे धर्म-भाई ही बना बैठी थी। मसखरा इतना कि एक दिन ठेठ साहबी ठाट-बाट में तो अगले दिन लखनऊ के शोहदे के वेश में। कभी एकदम सुराजी तो कभी परम दक्षिणी। नाम था शशिशेखर...कभी बताता कि वह मूलतः सरदार है तो कभी कहता बंगाली। पता नहीं कितनी भाषाएँ धाराप्रवाह बोलता था। वह आता तो जैसे घर में बहारों का तूफ़ान आ जाता। जब आता तो भूखा...किसी और को कुछ मिले न मिले, सन्ध्या उसके लिए पता नहीं कहाँ से कुछ भी निकाल लाती। हम लोग घंटों लड़ते और बहसें करते। नैतिकता-अनैतिकता, हिंसा-अहिंसा, त्याग और आसक्ति, पाप और पुण्य...न जाने क्यों, वह ईश्वर के बहुत खिलाफ़ था और रूसी क्रान्ति का भक्त...उससे बहस करते हुए लगता कि अक्सर मेरे पास उसकी बातों के जवाब नहीं हैं। मैं इतना स्थापित लेखक-चिन्तक, इस लड़के के सामने यों लाजवाब हो जाऊँ—इससे झुँझलाकर मैं अपना आपा खो बैठता और चीख़ने-चिल्लाने लगता... भीतर किचकिचाया करता कि भगवान ऐसा मौक़ा दे कि इसे भी मालूम

हो—ईश्वर को न मानना कैसा होता है। जैसा कि उम्मीद थी, शशिशेखर मेरे उपन्यास 'अजीता' का घोर आलोचक था और मेरे मुँह पर ही कहता था कि उसका बस चले तो उसकी सारी प्रतियाँ जला दे। यह क्रान्तिकारियों को बदनाम करने के लिए लिखा गया उपन्यास है—जैसे वे लोग वेश्याएँ रखे हुए हैं। वह मुझे चुनौती देता कि चलिए, मैं आपको ले चलता हूँ क्रान्तिकारियों के बीच, देखिए वे कैसी ज़िन्दगी जीते हैं। आपको न उनका कोई अनुभव है, न जानकारी...सुनी-सुनाई बातों पर जो मन हुआ सो लिख डाला है। उसका उनसे कोई सम्बन्ध है, यह जानकर मैं एकबारगी तो डर से सिहर उठा। लेकिन सब मिलाकर मेरे मन में उसकी इज़्ज़त ही बढ़ी...उसका इस तरह वेश बदलकर घूमना, अचानक ही ग़ायब हो जाना और फिर प्रकट हो जाना समझ में आया। ख़ैर, उससे बहसों के दौरान तय हो गया कि वह मुझे गुप्त संगठन के नेता और कुछ साथियों से मिलाएगा। मेरे लिए यह बहुत बड़ा थ्रिल था...।

उसकी सबसे बड़ी आपत्ति यह थी कि अजीता का चरित्र निहायत नकली, वाहियात और मेरी अपनी दमित कुंठाओं से उभरकर आया है और अपने इस कल्पित चरित्र पर मैं स्वयं ही इतना मुग्ध हूँ कि उसके माध्यम से मैंने बलिदानी युवकों को मजनूँ बनाकर रख दिया है। कहीं ऐसा न हो कि मिलाने के बहाने ले जाए और वहाँ मेरा कोर्ट मार्शल होने लगे? नहीं-नहीं, शशि ऐसा नहीं करेगा। बहुत बाद में मैंने जब अजीता के चरित्र पर सोचा तो लगा कि शायद उसकी बात एकदम ग़लत नहीं थी। उसके बहाने कहीं मैं अपने भीतर गहरे बैठी निम्मा के बोझ को हलका कर रहा था। निम्मा ने आत्महत्या नहीं, आत्मबलिदान किया था—देश और साहित्य के लिए समर्पित एक युवा क्रान्तिकारी लेखक के लिए। यह तर्क मुझे खुद बहुत बड़ी मक्कारी और धोखा देने जैसा लगता था, मगर मैं उसे अजीता के रूप में जस्टिफाई करने की कोशिश कर रहा था। शशि की योजना पर कभी भीतर उत्सुकता और हिम्मत जागती कि देखूँ तो सही ये लोग कैसे हैं, क्या सोचते हैं। सुनते हैं इनमें से ही किसी दल में वह खूबसूरत लड़की भी है जो फाँसी पाए हुए क़ैदी से शादी किए बैठी है...इस सारी जिज्ञासा, उत्सुकता और रोमांच के बावजूद भीतर कहीं मैं यह भी चाहता था कि भगवान करे, यह भेंट स्थगित हो जाए,

शशि ही आकर ख़बर कर दे कि प्रोग्राम बदल गया है। मगर उसके लक्षण मुझे लग नहीं रहे थे और मैं तय नहीं कर पा रहा था कि यह सही है या ग़लत...मैं जाऊँ या न जाऊँ।

आत्मप्रशंसा या पता नहीं किस भावना के दबाव में आकर मैंने अपने घनिष्ठ मित्र, साथी लेखक के सामने भी समस्या रख दी, 'अजीता' लिखकर तो मैं झंझट में फँस गया। अब एक गुप्त संगठन के नेता पीछे पड़े हैं कि वे मुझसे मिलकर इस पर बात करना चाहते हैं। मैं तय नहीं कर पा रहा कि मुझे मिलना चाहिए या नहीं। मैंने तो कहला दिया कि भाई, हम तो लेखक हैं। लिख दिया सो लिख दिया। अब हर लिखे की सफाई देते रहें, तो हो गया। जाहिर है कि मैं उस लेखक पर वही रोब ग़ालिब कर रहा था कि इसे कहते हैं लिखना, तुम्हारी तरह नहीं कि दर्जनों उपन्यास लिखे हैं और कोई पूछता नहीं। मगर अपनी बात कहते ही मुझे लगा कि कहीं कुछ ग़लत हो गया है। यह बात मैंने सन्ध्या को बताई तो उसने धीरे से सूचना दी, "शशि एक ब्रीफ़केस छोड़ गए हैं—आठ-दस दिन पहले... ।" मैं तो जैसे आसमान से गिरा। एकदम घबराकर कहा, "ग़ज़ब करती हो, मरवाओगी क्या? बताओ, कहाँ है?" दिमाग़ में कौंधा—हो सकता है, उसमें बम हो, पिस्तौल हो या उलटे-सीधे काग़ज़- किताबें हों। सन्ध्या ने जब ब्रीफ़केस सामने लाकर रखा तो मेरे हाथ-पाँव काँप रहे थे—पता नहीं इसमें क्या कुछ ऐसा निकल जाए कि मैं फँस जाऊँ! अब इसका क्या करूँ! जल्दी-से-जल्दी इसे ठिकाने लगाना है। समझ में नहीं आ रहा था कि कहाँ। रात में छत पर ले जाकर आग लगाऊँ और इसमें विस्फोटक सामग्री हो? आख़िर अगले दिन सुबह घूमने के बहाने मुँह अँधेरे ही शाल के नीचे छिपाकर दूर कुएँ में डाल आया...फिर एक दोस्त से मिलने चला गया। लौटते हुए डर लग रहा था। बाद में पता लगा कि उस ब्रीफ़केस में पचास हज़ार रुपए थे, सुनकर गहरा अफ़सोस हुआ—कम-से-कम रुपए तो निकाल ही लेता। ज़िन्दगी भर की रोटी-पानी की समस्या ही हल हो जाती—मगर उन्हें भी रखता कहाँ?

क्योंकि दोपहर को लौटने पर पता चला कि पुलिस ने मेरे घर छापा मारा है, दो घंटे तलाशी ली है और मॉरिस पार्क में घेर लिये जाने पर मुठभेड़ में शशिशेखर मारा गया है। जब पुलिसवाले मुझे पकड़कर ले गए

तो मैं आधा मर चुका था और दिमाग़ सुन्न हो गया था, मैं बार-बार वही चिरौरियाँ करता कि मैं लेखक आदमी हूँ, मुझे इन सब लोगों से क्या लेना-देना...एक दिन मुझे अकेली कोठरी में बन्द रखा गया। दूसरे दिन दो झन्नाटेदार झापड़ों के बाद मैंने पाया कि मैं सब कुछ खुद ही बता रहा हूँ। ब्रीफ़केस तलाश किया जा चुका था और जो कुछ उन्होंने कहा, वह सब स्वीकार करके यानी माफीनामा देकर मैं छूट आया था।

कितनी ग्लानि, पश्चात्ताप और पीड़ा से मैं उन दिनों गुज़रा हूँ, नीति, मैं ही जानता हूँ। अँधेरे में मुँह छिपाकर बैठे-बैठे सिर्फ़ अपने मर जाने की बात ही लगातार दिमाग़ मे घुस गई थी। बाद में मेरी प्रशंसा में जब लोग मंच से कहते कि मैं सिर्फ लेखक ही नहीं रहा, मैंने स्वतंत्रता-संग्राम में हिस्सा भी लिया था—जेल गया था तो बोलनेवाले का मुँह नोच लेने का मन करता था—मगर बाद में खुद विश्वास करने लगा कि सचमुच मैंने भी देश के लिए कुछ किया है। मज़े की बात यह है कि वे साथी लेखक महोदय मुझसे भी बड़े स्वतंत्रता सेनानी माने गए।

नीति, अगर मैं ज़िन्दगी में किसी एक किताब का आभारी हूँ तो वह है 'गीता'। उन दिनों मैंने ध्यानस्थ होकर गीता न पढ़ी होती तो निश्चय ही या तो आत्महत्या कर चुका होता या पागल हो गया होता। न कोई किसी को मारता है, न मरता है—आत्मा तो अमर है—न उसे अग्नि जला सकती है, न शस्त्रों से वह मरता है। हम तो सिर्फ़ निमित्त हैं, जो कुछ करता है 'वही' करता है। यह वही समय है जब मैंने हिंसा और अहिंसा पर विश्लेषण किया, सत्ता और आध्यात्मिक मूल्यों पर विचार किया। मैं उच्चतर मूल्यों और प्रश्नों से जूझ रहा था, इसलिए शोषक-शोषित की बातें तात्कालिक और अख़बारी लगतीं—मनुष्य की मूलभूत प्रकृति कैसे बदलेगी इन सब ऊपरी बातों से? शासक की हिंसा और शासित की हिंसा में तत्त्वतः अन्तर कहाँ है? शशिशेखर भी हिंसा कर रहा था और शासन भी। यह संयोग था कि एक की हिंसा जीत गई। हो सकता है, मैं कारण बन गया होऊँ—मगर उसे तो होना ही था—मैं न होता तो दूसरा होता। व्यक्तिगत रूप से मैं अपने को ज़िम्मेदार क्यों मानूँ? दोनों को सत्ता चाहिए थी, एक-दूसरे को दबाने की ताकत। जब तक सत्ता की ईप्सा है तब तक हिंसा है। क्या सत्ता के अभिशाप से मनुष्य कभी मुक्त

नहीं होगा? इसे तो अपने भीतर ही जीतना होगा, सत्ता के रूपों को रेशे-रेशे उधेड़कर समझना होगा। सत्ता या शक्ति उसी के पास है जिसके पास साधन हैं यानी पैसा है। क्या पैसे का ही दूसरा नाम साधन है? झपटकर साधन हथियाने की बजाय यह सम्भव नहीं है कि अपने भीतरी-बाहरी व्यक्तित्व में ही ऐसा चुम्बकीय चमत्कार पैदा किया जाए कि साधन, पैसा खुद-ब-खुद आपके पास आएँ? स्वामी लोग यही करते हैं, गांधीजी ने यही किया। मगर मैं न तो गुफ़ा में बैठा आध्यात्मिक सन्त होना चाहता था, न धूप, लाठी-गोली की जोखिमों में अपने को झोंकनेवाला गांधी—मैं इन दोनों को मिलाकर एक नया प्रयोग कर रहा था।

सही है कि इन दार्शनिकताओं में उतरते जाने से मेरा रचनात्मक लेखन लगभग समाप्त हो गया। कभी कुछ लिखता भी था तो वह इन्हीं सूत्रों की व्याख्या के लिए। भीतर से मैं एकदम अनासक्त और निस्पृह था। अनुभूतियाँ, संवेदनाएँ और अहसास मेरे लिए लगातार अपरिचित होते चले जा रहे थे—इसलिए इनसे मुझे लगभग विरक्ति होती थी। कभी-कभी लगता जैसे मैं शरीर की गाड़ी पर सजा हुआ सिर्फ़ एक सिर हूँ। लगभग शास्त्रार्थ के स्तर पर इन बारीक समस्याओं में, धर्मगुरुओं, राजनेताओं और ऊँचे अफ़सरों से उलझना लगभग मेरा नशा बन गया था और जानकर बेहद सन्तोष होता कि वे मुझसे भी खोखले हैं, सिर्फ़ जी रहे हैं—सोचते कुछ नहीं हैं। एक बौद्धिक के रूप में जितनी ही मेरी ख्याति बढ़ती गई, अपने बहुरुपिया होने की चेतना उतनी ही तीव्रतर होती गई...अचानक ही कोई आएगा, कहीं ऐसा कुछ घटित होगा कि मैं एकदम एक्सपोज़ हो जाऊँगा। एक भगोड़े और फ़रार अपराधी होने के भाव से मैं शायद एक पल को भी मुक्त नहीं हुआ।

और आज लगता है, जैसे मैं 'पकड़ लिया' गया हूँ और इस पलंग पर कील दिया गया हूँ। आश्चर्य और प्रशंसा का भाव जागता है कि इस सबके बावजूद कितने निभ्रान्त ढंग से सोच रहा हूँ, चीज़ें मुझे आर-पार दिखाई दे रही हैं। ज़रूर इस झटके से भी उबर जाऊँगा। अगर ऐसा हुआ तो क़सम खाता हूँ बेहद ईमानदारी से और बिना अपने को बचाए हुए लिखूँगा—चाहे फिर उस लिखे हुए में लोग मेरे लहू सने दाँत और ख़ूनी आँखें ही क्यों न देखने लगें...।

अच्छा नीति, पिंजरे में फँसा चूहा क्या सचमुच सूँघ लेता है कि यही उसका अन्त है? उस समय वह भय से ठंडा पड़ने लगता है या दार्शनिक धरातल पर उठकर 'मुक्त' होना महसूस करता है? अन्तिम समय पंकज ने कैसा महसूस किया होगा? क्या दिखाई दिया होगा उसे तब?

सुबह-शाम संजय और दीप्ति आ जाते हैं, रोमी आता है। पंकज का दोस्त। सब ज़ोर-ज़ोर से बोलते हैं जैसे मैं कम सुनता हूँ। मगर मैं हूँ कि जाने कैसे कुहासे और धुन्ध के पारदर्शी गिलाफ़ में लिपटा रहता हूँ—बातों और सोचने में कोई अन्तर या संगति नहीं रह गई है। कभी कुछ मन में आता है, कभी कुछ। सभी कुछ कौंधता है और चला जाता है और मैं निर्णय नहीं कर पाता कि जो कुछ उभर रहा है, वह सब सचमुच हुआ था या सिर्फ़ सोच के रूप में आया है। तुम सचमुच हो या किशोरावस्था से ही तह-दर-तह रूप लेती नारी की मानसिक प्रतिमा का दूसरा नाम नीति है? निम्मा को ही तो पहली बार मैंने तुम्हारा नाम दिया था और फिर हर नारी आकर इसी मूर्ति का कोई-न-कोई कोण उभारती गई—अपने अलग अर्थ जोड़ती गई—और आज यह पहचान भी उलझ गई है कि असली नीति कौन है, कहाँ है? कभी-कभी कोशिश करता हूँ तो सारे चित्रों के पार सुनाई देती है लकड़ी पर लगातार चलती आरी की घर्र-घर्र—पता नहीं, पड़ोस के मकान से आती है या कहीं और से—मकड़ी के महीन-महीन भूरे जाले जैसी एक तन्द्रा हर समय चेतना को घेरे रहती है। हो सकता है, दवाओं का असर हो। शायद इसलिए सपने जैसी वह घटना हुई थी। हो सकता है, वह सब सचमुच हुआ हो—यह भी सम्भव है कि मेरे मन से निकलकर ही कोई तसवीर चलने-फिरने लगी हो—कभी-कभी सपने भी तो ऐसे जीते-जागते घटित होते हैं कि तय करना मुश्किल हो जाता है। न जाने कब-कब के सुने हुए, कहे गए वार्तालाप, संवादों के टुकड़े हर समय दिमाग़ में गूँजते रहते हैं। और मैं सिर्फ़ एक श्रोता रह जाता हूँ।

लगा, जैसे सन्ध्या ने दबे पाँव आकर धीरे से कहा, 'कोई दो औरतें आई हैं, एक लड़की-सी है, दूसरी ज़रा बड़ी।' मैंने अपरिचय से उसकी तरफ़ देखा था, इस वक़्त तीन बजे कौन आ गया दोपहर में? अभी-अभी वह बैठी मेरे शरीर की मालिश कर रही थी। कहीं चिलमची रखी थी,

कहीं रूई-तेल। घंटी सुनकर बाहर गई थी। लौटकर पूछा था, ग़ौर से मेरा चेहरा देखते हुए, 'शायद आपको जानती है। ड्राइंगरूम में बैठा दिया है। कहती हैं, अगर बहुत असुविधा न हो तो...।'

सुनकर जैसे धक्का लगा। अरे 'वो' आ गई? समझ में नहीं आता कि इस आने की मुझे आशा थी या आशंका? एक पल को लगा, इसकी तो मैं जाने कब से प्रतीक्षा कर रहा था—या शायद टाल रहा था। मालूम नहीं क्या था कि मेरा सारा अस्तित्व जैसे सजग हो आया और अचानक लगा, कमरे में दवाओं की, घुटन की, बीमारी की, और पुरानी बातों के दुहराए जाने की बुसाँध भरी है। यहाँ नहीं, मुझे बाहर चलकर ही मिल लेना चाहिए—पहिएदार कुर्सी पर बैठकर। साफ़ कहूँ, मुझे अच्छा नहीं लगा। सुबह के खाने-पीने के बाद यही तो दो घंटे होते हैं, जब आराम से बैठकर सन्ध्या धीरे-धीरे मालिश करती है कि...घर-बाहर की, वर्तमान-अतीत की सारी बातें बताती है, मुझे विश्वास दिलाती रहती है कि किस तरह धीरे-धीरे मेरी हालत में सुधार हो रहा है। डायथर्मी औ अल्फावायलेट लैंप से सिंकाई अपने हाथों से करती है। पहले उसकी ये सारी सेवाएँ मुझे उसके प्रति अपने व्यवहार को लेकर कांशस कर देती थीं—और अपने इतने पास उसकी उपस्थिति साक्षात् आरोप जैसी लगती थी। अब लगता है, ये ही तो क्षण हैं जब हम जीवित हैं। इस समय भी मेरे अनखाए भाव को उसने पकड़ा है। मेरे भीतर उठती हर भावना को ज्यों-का-त्यों पढ़ लेने की उसके पास बड़ी अजीब-सी दृष्टि है। शारीरिक ज़रूरतों की हाँ-ना ही नहीं, वह मेरे मन के हर उतार-चढ़ाव को इस तरह देख लेती है जैसे सामने स्क्रीन पर देख रही हो...तुम विश्वास करोगी नीति, हम लोग पास-पास बिना बोले चुपचाप बैठे रहते हैं और आपस में बिना शब्दों के घंटों वार्तालाप करते हैं। बाक़ायदा सवाल-जवाब। वे बातें नहीं जो किशोर प्यार के मौन में होती हैं। वहाँ तो चुप रहकर हम अपने-अपने भीतर होते हैं, अपने आपसे बोलते रहते हैं—यहाँ तो हम बाक़ायदा आपस में बोलते हैं। कहीं पढ़ा था या हो सकता है, कोई बता रहा हो—लड़की माँ-बाप, भाई-बहनों के साथ अट्ठारह-बीस साल रहती है, फिर तीस-पचास साल पति के साथ—उन्हीं समस्याओं, वातावरण, खाने-पीने, उठने-बैठने यानी उसी एक परिवेश और मानसिकता में होने

के कारण वे दोनों आपस में भाई-बहन की तरह मिलने-दीखने लगते हैं।

"यहीं बुला लूँ?" सन्ध्या पूछ रही थी।

"नहीं...।" मेरे मुँह से निकला। कमरे के बिखराव और बीमारियत को देखकर मुझे लगा, मैं ही इससे बाहर निकलूँगा। मैं उठने लगा। सन्ध्या एक क्षण असमंजस में रही, फिर मुझे लिटा दिया..."कोई बात नहीं, मैं ही ले आती हूँ उन्हें...।" फिर उसने जल्दी-जल्दी इधर-उधर फैली चीज़ें समेटीं, मेरे कपड़े ठीक किए। गले में नया नैप्किन लगाया, अगरबत्ती जलाई और बाहर चली गई। मुझे लगा, सन्ध्या उन्हें पहचान गई थी। सामने की अलमारी के काँच पर, दोपहर को अँधेरा कर देने के बाद जलाई गई रोशनी की सफेद हाँड़ी चमक रही थी—उसी के नीचे, आती हुई तीन छायाओं को मैं ग़ौर से देख रहा था। पहले सन्ध्या आई, फिर वह पच्चीसेक साल की लड़की—बिलकुल इस तरह जैसे शो शुरू हो जाने पर लोग हॉल में टटोलते हुए से प्रवेश करते हैं—स्टेज और अपनी सीटों की दिशा को एक साथ टोहते हुए। तुम सच मानो, मैं उस लड़की को देखकर एकदम चौंक पड़ा...अरे, यह...यह तुम नीति? बिलकुल जैसे कहीं कुछ नहीं बदला...वही चेहरा-मोहरा, चही चाल, वही कद-काठी...मगर तुम...तुम तो पीछे थीं, तीसरी। मैं जैसे बेहरकत चकित देखता रहा एक अप्रत्याशित-सा नाटक। मेरी बाईं पलक झपकी (दाहिनी तो हरकत ही नहीं करती) नहीं, इस तनी खड़ी, पतली-दुबली प्रौढ़ा या वृद्धा महिला के सँवलाए, झुर्रियोंवाले चेहरे को तो मैंने कभी नहीं देखा...मेरे दिल-दिमाग़ पर जो तसवीर खुदी है, वह तो इस लड़की से ज्यादा मिलती है। मैंने उठने की कोशिश की तो सन्ध्या ने ही हलके-से छूकर मना कर दिया। मैंने खुद महसूस किया, मेरे चेहरे पर कैसी थकान, मजबूरी, दयनीयता का भाव उभर आया, भीतर कुछ उमड़कर गले में फँस गया और आँखों में आँसू बहने लगे...शायद नमस्कार के लिए तुम्हारा एक हाथ उठते-उठते रुक गया। लगा, दुखद आश्चर्य से तुम्हारे होंठ खुले रह गए...शब्द नहीं निकले, लेकिन मैंने साफ सुना, अरे, क्या ये ही शिशिर है? सन्ध्या के बहुत आग्रह पर तुम बहुत डरती-डरती-सी सामने की कुर्सी पर बैठीं, बस ज़रा-सा टिककर। जैसे तुम्हारी सारी चेतना, निगाहें बार-बार कुछ पूछना चाहती थीं और वापस लौट जाती थीं...।

मरनेवालों को कैसा लगता है जब लोग शोक और पुरानी यादों के उस पार से उसे देखते हैं? स्थिति की बोझीली अशोभनता से चौंककर (या घबराकर?) सहसा तुमने जैसे सफ़ाई दी, 'मैं नीति हूँ...इसी ब्लॉक में मिस्टर अय्यर...जॉएंट सेक्रेटरी मिस्टर एस.एस. अय्यर का बँगला खोज रही थी। मुझे तो ख़याल भी नहीं था कि आप भी यहीं रहते होंगे। अचानक इस घर पर आपका नाम पढ़ा...' फिर मेरे चेहरे पर तुमने न जाने क्या पढ़ा कि सहसा ही चुप हो गई। नहीं नीति, तुम झूठ बोलती हो। तुम सही पते पर आई हो, नाम किसी का भी लो—मगर तुम्हें तलाश, सिर्फ़ मेरे पते की ही थी। लड़की उसी तरह बगल में खड़ी मुझे देख रही थी—न जाने कब का पुराना चित्र उभरकर ओझल हो गया—निम्मा—शायद मेरी बहन...बिखरे सुनहरे बाल और सूनी-उदास आँखें...आवाज़ ने चित्र काट दिया, 'आपने शायद इन्हें पहचाना नहीं...' लड़की धीमे से बोल रही थी। शायद पूरे समय यही एक वाक्य वह बोली थी या मैंने सुना था।

रेले की तरह फिर आँखों से पानी बहने लगा, गाल पर धारी बनाकर। पास खड़ी सन्ध्या ने, हस्तक्षेप करनेवाले की तरह झिझकते हुए बढ़कर तौलिया से मेरी आँखें-चेहरा पोंछ दिया, 'ये साफ नहीं बोल पाते, आपको पहचान लिया है...।'

बन्द पलकों के पार भी मैंने तुम्हारे चेहरे पर आए पीड़ा, असहायता और धक्के के भाव को साफ़-साफ़ देखा। तुम्हारी आँखें छलछला आई थीं। रुमाल आँखों से लगाकर तुमने बहुत आहिस्ता से गला साफ किया। जानने को उत्सुक निगाहों के जवाब में सन्ध्या बता रही थी, 'हमारा सबसे छोटा बेटा पंकज नहीं रहा। हवाई जहाज़ में गड़बड़ी हो गई थी।' रोते-रोते बड़ी मुश्किल से आगे कह रही थी, 'छह-सात महीने हो गए...तभी से...' फिर झटके से कहा, ''डायबिटीज और ब्लड-प्रेशर पहले से थे—फिर बेहिसाब सिगरेट-शराब...।'

कितना क्रूर और निर्मम है, चुपचाप लेटे, आँसू बहाते ज़िन्दा आदमी के बारे में ये सारी बातें बताना...झुँझलाहट भी हुई, कह दूँ...'सन्ध्या, प्लीज़, तुम चुप हो जाओ...तुम्हें कुछ नहीं पता...', इन सब मामलों में बेहद सावधान और चौकस रहनेवाली सन्ध्या, क्यों तुम्हें यह सब बताए जा रही है? क्या उसे ऐसा लगा कि यहाँ ये सारी औपचारिकताएँ नहीं

निभानी हैं? पता नहीं, आँख खोलकर तुम्हें देखते हुए डर लगता था। पनीली आँखों से दूसरी तरफ अलमारी की दिशा में मुँह मोड़े तुम शायद मुझे, मेरी दयनीय असहायता की अनुभूति से बचा रही थीं... मगर मेरे भीतर सूई अटके बेआवाज़ रिकॉर्ड की तरह वही पुराने दोनों शब्द गूँज रहे थे—ग़लत, व्यर्थ, ग़लत, व्यर्थ...भुतैले अँधेरे में न दीखनेवाली चमगादड़ की फड़फड़ाहट...फिर पता नहीं मैं सो गया या चेतना के दूसरे किनारे उतर गया। लौटा तो तुम लोग बातें कर रही थीं। आवाज़ें नहीं थीं, सिर्फ़ हिलते हुए होंठ और चेहरे के हाव-भाव थे। पुतलियों की तरह होंठ, मुँह हिलाना बड़ा मनोरंजक लगता है। फिर हलकी झनझनाहट से लगा, सन्ध्या कुछ बता रही है। शायद वह मकानों पर पड़े बेतरतीब नम्बरों की बात कर रही थी, संजय और उसके परिवार के बारे में कुछ कह रही थी, मेरी हालत का क्रमवार विवरण...स्थिति की विचित्रता के बोझ से निकलने-निकालने के लिए वह बोलते रहना चाहती है या कुछ असन्तुलित हो उठी है? कभी लगता, उनकी ये बातचीत बाहर हो रही है, कभी लगता, मेरे अपने भीतर। वे तो गमगीन-सी चुप बैठी हैं जैसे मेरी दशा पर अफ़सोस कर रही हों। अचानक ही मन में सवाल उठा—ये दो महिलाएँ आई हैं या एक? मैं तय नहीं कर पा रहा था। कुछ चौंका और जैसे किसी गहराई से उबरकर सतह पर आ गया। लगा, किसी ने बुलाया। आँखें खोलीं तो बहुत विनम्र, दबाए हुए स्वर में क्षमा माँगती-सी तुम कह रही थीं, 'अब चलेंगे। अय्यर साब से मिलना ज़रूरी है। फिर वे शाम को कहीं शहर से बाहर जा रहे हैं...।' फिर वही हुआ। निगाहों के केन्द्र में केवल तुम्हारा चेहरा था और शब्द ग़ायब हो गए। चेहरे के तुम्हारे उस भाव का मैंने मन में अनुवाद किया, 'माफ करना। ग़लती से आ गई। शायद यहाँ यों आकर अच्छा नहीं किया।' हो सकता है, तुमने यह बात बोली हो, हो सकता है, मैंने सिर्फ़ सुन लिया हो...।

एक लाचार, हार के आगे समर्पित हो जाने की कातरता का भाव ज़रूर मेरे चेहरे पर उभर आया होगा और उसी को लिये-लिये मैं तन्द्रा के दूसरे किनारे की तरफ सरक गया। मालूम नहीं, सन्ध्या ने तुमसे रुकने, चाय पीने के लिए आग्रह किया या नहीं। या अय्यर का बँगला खोजने के लिए किसी को साथ भेजने की बात कही या नहीं, बहुत दूर से किसी

ने कहा, 'चलूँगी...।' या हो सकता है, कहा हो, 'अब हम चलें?' और फिर लगा, तुम लोग बहुत आहिस्ता सावधानी से उठकर बिना कदमों की आहट किए कमरे से बाहर निकली हो। इशारे से सन्ध्या ने बताया होगा–सो गए हैं। एक हलके नामालूम से झटके से मैं जागा। आँख खोली, मुसकराते हुए लगा, सामनेवाले के लिए मेरी अधरंगी मुसकराहट कैसी बीभत्स दिखाई देती होगी, 'अच्छा, जाओगी...चलो बाहर तक साथ चलता हूँ। रुको, मैं भी आ रहा हूँ...।'

पता नहीं, तुम आई भी थीं या नहीं। तुम अकेली थीं या दो? अगर तुम अकेली थीं तो वह लड़की कौन थी? क्या मैं कभी उससे मिला था? चेतना-शून्यता की किसी गहरी गुफा से निकलकर तुम्हीं तो नहीं थीं कहीं? फिर वह प्रौढ़ा? कभी लगता है, दोनों ही मेरी बहुत परिचित थीं–कभी लगता है, दोनों में से मैं किसी को नहीं पहचानता। मेरे भीतर एक अनाम-सा पछतावा छटपटा रहा है–कैसी हो तुम? परिवार है या वैसी ही हो? चेतना की ऊपरी सतह पर वे सवाल हैं और नीचे तलहटी में सिर्फ़ एक ही वाक्य भँवर की तरह मँडरा रहा है–मुझे माफ़ करो, मुझे माफ़ करो, नहीं जानता, मैं किससे और किस बात की माफी माँग रहा हूँ? मेरे भीतर यह सब क्या हो रहा है? क्या बीमारियों के कुछ कीटाणु हमारे जन्म के साथ ही आते हैं या उन्हें हम बीच में ही सोखते रहते हैं? तुम मेरा अस्तित्व थीं या अस्तित्वहीनता का सम्मोहक कीटाणु?

सोया समझकर शायद सन्ध्या ने चादर उढ़ा दी है। ठीक है, अब मैं ज़्यादा सुरक्षित महसूस कर रहा हूँ। अब शायद इसे कभी हटाने की ज़रूरत नहीं पड़ेगी, सन्ध्या! तुम सब मुझे माफ़ कर देना। मान लेना कि दूसरे किसी लोक से टूटकर आए हुए नक्षत्र हमारी धरती का कुछ-न-कुछ तोड़, जलाकर ही शान्त होते हैं... धरती की नियति है।

नीति, कमरे से जब तुम बाहर निकली थीं तो तुम्हारे साथ सन्ध्या थी या मैं खुद...? बाहर हमारे घर का बरांडा था या अन्तरिक्ष का आधारहीन सूना फैलाव? 'चले' कहकर मुझे तुमने अपने साथ लिया था या सन्ध्या ने ही सहारा देकर उठाया था? किससे विदा ली थी मैंने? देखा, किस तरह सारी संज्ञाएँ पीछे छूट जाती हैं? जो कुछ हम पीछे छोड़ जाते हैं, वह संज्ञा है या सर्वनाम?

मेरा पहला झूठ

झूठ समाज की देन है। समाज के साथ बच्चे का पहला परिचय माँ-बाप के रूप में होता है। मुझे नहीं मालूम, मैंने पहला झूठ कब बोला था आज भी नहीं मालूम, आख़िरी झूठ कौन-सा था। हाँ, याद आया, ढीले-ढाले और भद्दे से कपड़े पहने एक ऊल-जलूल लद्धड़ बूढ़े-से सज्जन से मैंने बड़ी सादगी से कहा था, ''क्या बात है, आज तो बड़े चुस्त-दुरुस्त, एकदम नौजवान बने घूम रहे हो...।'' बस, वे इतने खुश हुए कि खिल गए। और तब सचमुच उनकी उम्र दस साल कम हो गई। अब चाहें तो कह लीजिए, यह झूठ नहीं था। मैं तो सिर्फ़ सच को बचा गया था।

लेकिन पहले झूठों में से जो याद आ रहा है, वह इतना प्रसन्नतादायक नहीं है। आगरा में हमारे मकान के नीचे बाज़ार की कुछ दुकानें थीं। उन्हीं में महाराज नाम के एक बूढ़े-से सज्जन तम्बाकू बेचते थे। उनकी आधी दुकान वैद्यक की थी, आधी तम्बाकू की। कभी वह उलटी गांधी-टोपी जैसे खरल में कुछ कूटते-पीसते रहते, उसमें अर्क और सत मिलाते जाते। कभी दूसरी तरफ़ हवा में धाँस फैलाते हुए तम्बाकू में शीरा और न जाने क्या-क्या मसलकर, छोटे-बड़े पिरामिड बनाकर रखते जाते। उन्हें वे पिंडी कहते। छोटी पिंडी एक आने की, बड़ी आठ आने या एक रुपए की।

उनकी एक लड़की थी। गेहुँआ रंग, चेचक के हलके दाग़। वह भी मेरे ही बराबर की थी–आठेक साल की। उसे सब लोग 'महाराज की सान्ती' कहते थे। उसका शान्ति नाम कोई नहीं लेता था। महाराज

जब वैद्यक करते तो वह तम्बाकू सँभालती। जहाँ तक याद है, उनके परिवार में शायद और कोई नहीं था। लड़की सारे दिन हम लोगों के साथ हुड़दंग मचाती रहती। बीच-बीच में महाराज आकर उसे दो-चार झापड़ लगाते और घसीटकर फिर दुकान पर बैठा देते। शायद वह हमारे साथ ही पढ़ती भी थी। दोनों दुकानों के बाद भी महाराज की हालत बहुत अच्छी नहीं थी। हमें एक आना रोज़ मिलता था, शान्ति को एक पैसा (उस समय का एक आना, आज के एक रुपए जितना तो था ही)।

एक बार वे हम दोनों को दुकान सँभलवाकर कहीं काम से गए। मैंने देखा, जिस टाट पर वे बैठते थे, उसके नीचे से इकन्नी का आधा हिस्सा झाँक रहा है। शान्ति ने शायद नहीं देखा था। वह तम्बाकू की पिंडियाँ गिन रही थी। मैंने चुपके से उस पर हथेली रख दी। अब तरकीब सोचने लगा–कैसे उसे उठाऊँ कि शान्ति न देख ले। दिल धड़क रहा था। पहले बड़ी सफाई से उसे मुट्ठी में लिये रखा और फिर बहुत ना-मालूम ढंग से सामने की जेब में सरका लिया।

अब चिन्ता यह हुई कि वहाँ से खिसका कैसे जाए...पहली 'बड़ी चोरी' थी, इसलिए बहुत डर लग रहा था–कहीं बाहर से देखने पर इकन्नी दिखाई तो नहीं देती...दोपहर के बाद का समय था। सुबह की बात होती तो कह देता, रोज़वाली है। लेकिन सुबह की इकन्नी अब तक बची रहे, यह असम्भव था! विश्वास था कि महाराज के आने से पहले दो-चार पिंडियाँ तो बिक ही जाएँगी और उन इकन्नियों में पता भी नहीं चलेगा। किसी बहाने उठने की भी हिम्मत नहीं पड़ रही थी।

अपनी समझ में मैंने चालाकी से भूमिका बनाई, "शान्ति, कलाकन्द खाएगी।"

"पैसे कहाँ हैं?"

"हम जब आ रहे थे तो बाजार में इकन्नी पड़ी मिली थी।"

"दिखा?"

मैंने दिखा दी...उसकी आँखों में चमक आ गई, "तू ले आ, बाबा आ गए तो मारेंगे। मैं नहीं जाऊँगी।"

मुझे लगा, चोरी का बोझ कुछ कम हो गया। मैं सचमुच अपने झूठ

पर विश्वास किए चला जा रहा था कि इकन्नी सड़क पर पड़ी है और मैं झुककर उसे उठा रहा हूँ। "अभी लेकर आता हूँ...।" मैं उठकर हलवाई की दुकान पर गया। लालच आ गया और मैंने सारा कलाकन्द अकेले ही चट कर डाला। बहुत थोड़ा-सा बचाकर लाया। लौटा तो एक और ही दृश्य था।

महाराज ने एक हाथ से शान्ति का झोंटा पकड़ रखा था और संटी से उसकी धुनाई कर रहे थे, "बता, इकन्नी कहाँ गई?" वह रो-घिघिया रही थी, "मुझे नहीं मालूम। विद्या कसम, मुझे नहीं मालूम।"

मुझे लगा, यहाँ से जल्दी ही खिसक लेना चाहिए। पिटती हुई शान्ति सिर्फ़ यही कहे जा रही थी कि 'मुझे नहीं मालूम...' तभी महाराज ने मुझे देख लिया, "भैयाजी, तुम बता दो सच-सच, तुमने तो नहीं ली...।"

मैंने स्वाभाविक ढंग से कहने की कोशिश की, "मैं तो तभी चला गया था।" हर पल डर लगा था, कहीं यह शान्ति इकन्नी वाली बात न बता दे...।

शान्ति ने तो नहीं बताई मगर बाज़ार में ही किसी ने बता दिया कि अभी मैं हलवाई की दुकान पर कलाकन्द खा रहा था...मैंने चुपके से मुट्ठी में दबा कलाकन्द का दोना नीचे सरकाया और रोता हुआ ऊपर भागा, "महाराज हमारे ऊपर झूठी चोरी लगाते हैं। हमने इकन्नी नहीं चुराई...नहीं चुराई...।" खिसियाने से महाराज पलटकर फिर दुकान पर जा चढ़े और संटियों से फिर शान्ति की ख़बर लेने लगे।

उस दिन महाराज ने उसे इतना पीटा कि दो दिन तक उसकी सिंकाई करते जाते और रोते जाते। वह उनकी इकलौती, बिना माँ की लड़की थी। मैं ऊपर जाकर सचमुच रोया। हर बार मन में उठकर बात रह जाती कि मैं जाकर स्वीकार कर लूँ और शान्ति को पिटने से बचा लूँ। कमबख्त, पिटते हुए इसने अब तक मेरा नाम ही न ले दिया हो।

महाराज तो अब क्या होंगे, कल्पना में न जाने कितनी बार मैंने शान्ति से हँसकर कहने की कोशिश की है, 'शान्ति, उस दिन इकन्नी मैंने ही चुराई थी...।'

वह गम्भीर होकर जवाब देती लगती है, 'मैं जानती हूँ।'

'फिर तूने क्यों नहीं बताया?' तब तक वह ग़ायब हो चुकी होती है। मैं अभी तक उम्मीद करता रहता हूँ कि शायद जवाब मिलेगा। हाँ, उसकी पीठ पर पड़नेवाली हर संटी को मैं आज भी अपने अपने शरीर पर महसूस करता हूँ।

खाता नम्बर

भ्रष्टाचार मिटाने की घोषणाएँ करती नई पार्टी जब सत्ता में आई तो बेईमानों की रूह फ़ना हो गई। नए वित्तमंत्री ने बेहद सख्ती से भ्रष्टाचार-उन्मूलन का अभियान चालू कर दिया और कल तक जो सोना काट रहे थे, वे जेल काटते दिखाई देने लगे। आयकर-चोरों और कालाबाज़ारियों पर छापे मारे गए, जुर्माने और ज़ब्तियाँ हुईं—काला मुँह करके सड़कों पर घुमाया गया, तस्करों के गिरोहों का बेदर्दी से सफाया कर दिया गया। न सम्बन्धों का लिहाज किया गया, न सम्पर्कों का। बेईमानी और भ्रष्टाचार की दुनिया में जैसे त्राहि-त्राहि मच गई। इस चुनाव में भ्रष्ट राजनेताओं, मंत्रियों, मुख्यमंत्रियों, उद्योगपतियों और तस्करों को खुलकर गालियाँ दी गई थीं, नाम ले-लेकर उनके कारनामों और कमाइयों के भंडे-फोड़ किए गए थे, इसलिए उन्हें ही विशेष लक्ष्य बनाया गया। उनकी सम्पत्ति और बैंक-खाते जब्त कर लिये गए। वित्तमंत्री ने कहा कि देश में तो हम इन्हें छोड़ेंगे ही नहीं, विदेशों में भी जिनके खाते या पूँजी है, उनको भी नहीं बख्शा जाएगा। ऐसे लोगों के पास-पोर्ट सरकार ने अपने पास जमा कर लिये ताकि वे बाहर न भाग सकें।

इस बुलडोजर की सबसे बड़ी दिक्कत आई रिक्त-खातों को लेकर। गोपनीयता के करार के तहत न वहाँ की सरकार कुछ बताती थी, न बैंकवाले। पक्के सबूत थे कि बड़े-बड़े सौदों में भयानक कमीशन खाया गया है और सारा रुपया स्विस-बैंकों में चला गया है। लाख कोशिश

करने पर भी न रकम का पता चल रहा था, न एकाउंट नम्बरों का। वित्तमंत्री कई बार सार्वजनिक शपथ खा चुके थे कि वे इस राज़ का भी पर्दाफ़ाश करके रहेंगे...आख़िर उन्होंने एक दुस्साहस कर ही डाला।

साधारण कपड़े और फटा-पुराना ब्रीफकेस लिये एक व्यक्ति सबसे बड़े स्विस-बैंक के मैनेजर के कमरे में पहुँच गया। उसने बताया कि उसे एक बहुत ज़रूरी और गोपनीय बात करनी है इसलिए चीफ एकाउंटेंट को भी बुला लिया जाए। जब वह आ गया तो, उस व्यक्ति ने आग्रह किया कि दरवाज़ा अन्दर से लॉक कर लिया जाए। जैसे ही दरवाज़ा लॉक हुआ, उसने जेब से पिस्तौल निकाली और दोनों को लक्ष्य करके दहाड़कर कहा, ''मैं अमुक देश का वित्तमंत्री हूँ, और मुझे इन-इन व्यक्तियों के खाता नम्बर चाहिए।'' मैनेजर और एकाउंटेंट दोनों के ही चेहरे सफ़ेद पड़ गए—लगा, दिल का दौरा पड़नेवाला है, फिर भी उन्होंने कहा, ''वह तो हम नहीं बता पाएँगे...।''

''मैं सचमुच तुम दोनों को गोली मार दूँगा...।'' वित्तमंत्री की आँखों में ख़ून उतर आया।

''बताना सम्भव नहीं है,'' जैसे-तैसे हकलाकर कहने की कोशिश की।

''तुम्हें अपने बाल-बच्चों, घर-बीवी का, अपने जीवन और भविष्य का ख़याल नहीं है?'' वित्तमंत्री ने मनोवैज्ञानिक हमला किया।

''सब है महामहिम, लेकिन हम अनुबन्ध और करार से बँधे हैं...।'' दोनों ही असहाय भाव से थर-थर काँप रहे थे।

''अब भी सोच लो, मैं सचमुच गोली मार दूँगा। कोई बचाने नहीं आएगा।''

''अब जो भी हो...।''

''तो तुम नहीं ही बताओगे?''

''नहीं,'' इस बार स्वर में दृढ़ता थी।

अचानक वित्तमंत्री ढीले पड़ गए। उन्होंने ब्रीफकेस खोला और बोले, ''तब ठीक है। ये पचास लाख डॉलर मेरे हिसाब में जमा कर दो और मुझे मेरा खाता नम्बर बता दो...।''

(ज्यॉफ्री आर्चर की कहानी का संक्षिप्त)

कुलवन्त

उस दिन वे बेहद उदास थे। बात-बात पर आँखें भर आतीं, गला रुँध जाता और जेब से रुमाल निकालकर पूरा मुँह पोंछते। मैंने हमदर्दी से पूछा, "ख़ैरियत तो है न? आज आप...।"

"सुनन्दा मर गई..." वे फूट पड़े। गालों पर आँसुओं की लकीरें बन गईं। आँसू घूँटकर थोड़ी देर बाद बोले, "चार महीने से साथ थी। बेचारी ने बहुत कष्ट उठाया...।"

मुझे भी दुख हुआ। पूछा, "आपसे उनका सम्बन्ध...।"

"मेरे नए उपन्यास की नायिका थी," उन्होंने रुमाल से नाक साफ की।

अगर माहौल इतना गम्भीर न होता तो मैं सचमुच हँस पड़ता। यह उन्होंने बहुत बार बताया था कि वे बहुत भावुक हैं और लिखते हुए जब उनके पात्रों पर मुसीबतें आती हैं, मौत हो जाती है तब कलम एक तरफ रखकर फूट-फूटकर रोने लगते हैं। अपने पात्रों के साथ व्यक्तित्व का ऐसा विलयन मुझे चकित करता है।

वे पुरानी पीढ़ी के लोग थे और ज़िन्दगी नहीं जीते थे, सिर्फ़ लिखते थे और वहीं काग़ज़ों पर ही हँसते-रोते थे। मैं शायद ज़िन्दगी का पुनर्सृजन करता हूँ, इसलिए पात्रों के दुख-सुख को भोगने के साथ-साथ उनके अर्थ और आशय भी तलाश करता जाता हूँ। उपनिषद् में एक रूपक है : 'द्वा सुपर्णाः' एक डाल पर दो पक्षी बैठे हैं, एक खा रहा है, दूसरा उसे देख रहा है! खाने और देखनेवाले, दोनों पक्षी लेखक के भीतर

ही होते हैं। दूसरा पक्षी सह-अनुभूति तो रख सकता है, मगर भोगनेवाला पक्षी वह निश्चय ही नहीं है। अनुभव करने और अनुभव को फिर से जीनेवाले दो 'मैं' एक शरीर में होते हुए भी अलग है; बल्कि दोनों अपनी-अपनी जगहें बदलते रहते हैं।

इसीलिए पात्रों के नाम और व्यक्तित्व कोई हों, वास्तविक पात्र लेखक खुद, यानी उसका अनुभव होता है। चूँकि मेरे पात्र मुझसे 'अलग' नहीं हैं, इसलिए 'बाहरी' या अलग व्यक्ति की तरह मैं उन पर हँस या रो नहीं पाता। जो पात्र सचमुच अविस्मरणीय है, मेरी हर कहानी में है, उसके बारे में कुछ भी कह पाना असम्भव है। हाँ, जिन पात्रों को माध्यम बनाकर या जिनके बहाने मैंने अनुभव का पुनर्सृजन किया है, उनके बारे में ज़रूर कुछ कहा जा सकता है। कलाकार जंगल में जाता है; पेड़ की टेढ़ी-मेढ़ी डालियों में उसे नाचनेवाली की विशेष मुद्रा दिखाई देती है और वह काट-छाँटकर फालतू चीज़ों को फेंक देता है और रह जाती है वही मुद्रा जो उसने आड़ी-टेढ़ी डालियों में 'देख' ली थी। डालियाँ तो अपने आपमें जैसी थीं, वैसी ही थीं–'मुद्रा' तो उन्हें कलाकार की दृष्टि ने ही दी है...।

'एक कटी हुई कहानी' की कुलवन्त ऐसी ही एक झाड़ी थी। मैं पहाड़ पर गया था, अपना कुछ लिखने और वहाँ मेरा उससे परिचय हो गया। गहरे रंग के शलवार-कुरते में छरहरी, स्वस्थ, लम्बी महिला...लड़कों की तरह लड़कियों पर आवाजें कसती; 'हाय मचाचा!' कहकर हम लोगों का ध्यान खींचती और अपनी कॉन्वेंटी अंग्रेजी में पंजाबी-हिन्दी शब्द मिलाकर फर्राटे से बोलती। सारे साल अकेले पहाड़ों पर रहने के बाद, 'सीजन' में आनेवाले हम लोग ही उसके 'मनोरंजन' के खिलौने होते। सबके बारे में उसके अपने अन्दाज़, अपनी राय और फिकरे होते और उसके साथ हम लोग हँसकर दोहरे हो जाते, "रजिन्दर, तेरे पास जो साधु आता है न, यू नो, कोई बहुत बड़ा चोर-डाकू होगा...या सी.आई.डी. का आदमी है। बहुत ताश-वाश मत खेला कर..." कभी कहती, "औरत? औरत बड़ी कुत्ती चीज़ है रजिन्दर!...कह देगी, ये आदमी मुझसे ज़बर्दस्ती कर रहा था। अरे हाँ, और आदमी? आदमी तो बच्चा है। उसने कह दिया, ये तेरा लड़का है और ज़िन्दगी भर खिला रहा है मेरा मुन्ना...।" उसके मुन्ना हिलाने को देखकर मैं देर तक हँसता रहता, उसकी

संजीदगी : ''अरे हाँ, बीट इट रजिन्दर...।''

मैं पूछता, ''तू भी तो औरत है, अच्छी खासी...।''

''जो सच बात है सो सच है!'' वह तटस्थता से कह देती। फिर बस्ती के एक-एक आदमी के घर के पुराण सुनाने लगती—मर्दानी और फूहड़ भाषा में, ''वो दोनों क्रिश्चियन औरतें हैं न, उसे अपना भाई कहती हैं,'' नकल निकालते हुए बोलती, ''हर संटेंस में कहेंगी, माई ब्रदर इज ए वेरी नॉटी बॉय...माई...फुट...बोल, तेरा ब्रदर है तो तुझे क्या मालूम वो सब?...और ब्रदर क्या साला कुश्ती ही लड़ता रहता...नॉटी बॉय... बिच साली...।'' फिर झटककर ताली बजाती हुई बोलती, ''अरे रजिन्दर, चुप-चुप, वो देख मचाचा आ रहा है...तू कुछ कह, साली औरत होती बड़ी स्वीट चीज़ है!'' मैं उसे डाँटता, ''यार, बहुत छोटा मचाचा है, अभी उम्र ही क्या है...!''

रंग हलका साँवला था, नमक और तमक, तीखे नाक-नक्शों को और लुभावना बना जाती। मैं उसके इसी 'खिलन्दड़े' या 'टॉम-बॉयश' व्यक्तित्व की तरफ़ आकर्षित हुआ था। थी भी बहुत सशक्त चुम्बक। धीरे-धीरे मैंने पाया कि बहुत अकेली है—लगभग परित्यक्ता। अच्छे साफ-सुथरे बँगले में रहती है, बच्चे कॉन्वेंट में पढ़ते हैं, माँ-बाप और ससुराल दोनों तरफ से बहुत बड़े ज़मींदार हैं। नौकर-चाकर सभी कुछ हैं।

मुझे लगा, उसके लिए आदमी-औरत, दोनों पशु और कमीने प्राणी हैं, जो सज-सँवरकर ऊँचे और भले होने का नाटक करते हैं, और उनका यही प्रयास उसे बेहद हास्यास्पद लगता था—जैसे बन्दर कोट-पैंट या सलवार-साड़ियाँ पहने चले आए हों...जो ये हैं वो सब क्यों नहीं करते, नाटक क्यों करते हैं? वह शायद हरेक की नंगे जानवरों के रूप में कल्पना करती थी और इस तसवीर पर खिलखिलाकर, पुरुषों की तरह मेरे कन्धे पर हाथ मारकर हँसती थी; अश्लील-फिकरे और चुटकुले ज़ोर-ज़ोर से सुनाती और मेरी सिगरेट लेकर फूँकने लगती। भीतर की कड़वाहट ने उसे 'सिनिक' बना दिया था। मुझे भी शायद उसके व्यक्तित्व के इसी 'जानवर' ने आकर्षित किया था।

लेकिन, सारी बात ने पलटा उस समय खाया जब पानी ही तरह तीन-तीन कोक पीनेवाली कुलवन्त ने शराब या बीयर कुछ भी लेने से

इनकार कर दिया, ''बहुत पिया है सब, अब छोड़ दिया। मीट-शीट कुछ नहीं खाती। मन नहीं करता रजिन्दर... ।'' इतनी घनिष्ठता के बाद झूठ बोलने का सवाल ही नहीं उठता, वैसे भी वह झूठ नहीं बोलती थी। फिर मैंने पाया कि इस सारे 'फूहड़-अश्लील' व्यक्तित्व के बावजूद, सारी बस्ती में 'कुलवन्त बीबीजी' सबसे अधिक सम्मानित, श्रद्धेय और प्रिय 'चीज' मानी जाती हैं।

चौथे दर्जे के कितने ही कर्मचारी उसके आउट-हाउस या नौकरों के क्वार्टरों में भरे हैं, अमुक जगह काम करनेवाले चपरासी का लड़का कुलवन्त की बदौलत पढ़ रहा है; उस स्टोर-कीपर की लड़की, बीबीजी की अपनी लड़की है। बाप की पूरे महीने की तनखाह की क़ीमत का तो एक-एक कपड़ा है! उसकी बच्ची बीमार है, कुलवन्त रात को टॉर्च जलाए, पहाड़ी चढ़ाइयों पर दवाइयाँ और खाना लिये चली जा रही है, दुकान खुलवाकर ज़रूरत की चीज़ें ला रही है। उस औरत का आदमी मारता है, उसे डाँटकर निकाल भगाने को चीख़ रही है, लेकिन अगले ही क्षण नौकरियों या दूसरी चीज़ों के लिए भाग रहा है, लोगों से मिल रही है। गुरु-ग्रन्थ-साहब का पाठ करके, हरेक का हाल पूछती फिर रही है और शाम को सिर में पट्टी बाँधे, संटी फटकारती, मेरे होटल पर मौजूद है, ''अरे रजिन्दर, चलेगा नहीं...आज तो वो-वो ज़ोर के मचाचे आए हैं कि तेरे मुँह में पानी आ जाए। आज यार रात को बहुत सिरदर्द हुआ... ।''

और मुझे लगा, नीता की कहानी जहाँ कट जाती है, वहाँ से कुलवन्त की कहानी शुरू होती है। फर्क यही है कि दोनों समानान्तर चलने लगी हैं—एक-दूसरे की पूरक। बरसों हम लोगों में कोई सम्वाद नहीं होता, लेकिन जब मिलती है तब दोस्त की तरह दौड़कर लिपट जाती है।

उसे भींचकर मैं मन ही मन उसके चरण छूता हूँ और कहता हूँ, 'साली औरत बड़ी कुत्ती चीज़ है। बोल, मुझे परेशान कर दिया न। भेज दिया उस लड़की को कि इसे विदेश भिजवाना है। सौ रुपए पानेवाले कम्पाउंडर की लड़की, तूने उसे पढ़ा-लिखा दिया यही बहुत है। अब ज़रूरी है कि बाहर भेजने का खर्चा भी तू ही करे—तेरा अपना ठिकाना नहीं...'

''अरे रजिन्दर...छोड़...अपनी हरकतें, बता...वो तेरीवाली 'कुड़ी' क्या हुई?''

मेरी ज़िन्दगी का अविस्मरणीय प्रेम-पत्र

मैं लगभग तन्मय होकर भाषण सुन रहा था। तभी मेरे सामनेवाली तीसरी पंक्ति से वे महिलाएँ उठीं और चुपचाप बाहर की ओर चल दीं। मैं बीच के गलियारे के किनारेवाली कुर्सी पर ही था। अचानक मेरे हाथ में चुपके से एक पर्ची सरकी और सचेत होने से पहले ही वे लोग बाहर निकल गईं और मैं सचमुच रोमांचित हो आया। बीसियों साल हो गए इस अनुभव से गुज़रे...एक कौंध में ऐसी न जाने कितनी तसवीरें एक-दूसरे में घुसती-मिलती चली गईं...।

मैंने धीरे से पर्ची खोली। किसी पैकिंग का कोई कागज़ फाड़ा गया था और उसमें एक चित्र बनाया गया था। सबसे नीचे दो कछुवे थे–एक बड़ा और एक बहुत छोटा–शायद दूर चला गया बच्चा था–फिर धरती को बतानेवाली कुछ पंक्तियाँ, फिर कुछ पौधे, बीच में एक बड़ा-सा पेड़। पौधे छह। तीन इधर, तीन उधर–दो-दो पत्तियाँ और सिरे पर फूल। बीचवाला पेड़ काफी ऊपर तक जाकर एक फूल में समाप्त। फिर चीलों का आभास देती कुछ लाइनें–बादल और उनके बीचोबीच झाँकता एक चेहरा–सिर्फ़ गोले में दो आँखें और मुँह। चेहरे के सिरे पर बालों की तरह निकली कुछ और लाइनें। चेहरा शायद सूरज था और लाइनें किरणें। फिर दो चीलें और बादलों के तीन गोले। चेहरे के पास ही लिखा था–'हैलो'। यह रेखाचित्र वहीं बैठे-बैठे बनाया गया था...मैं देर तक उसे देखता रहा और खो गया। लौटा तो विभोर था।

इस पूरे गुरु-गम्भीर माहौल में कितनी बड़ी घटना हो गई थी। हो

सकता है, वह लड़की मुझे कहीं न मिले। शायद मैं ही उसे दुबारा न पहचान पाऊँ। लेकिन वहाँ जहाँ दो-ढाई सौ लोग—शान्त-एकाग्र होकर मंच से कीले हुए बैठे थे और वास्त्यायनजी 'मैं हूँ, क्योंकि मैं याद कर सकता हूँ कि मैं हूँ—जहाँ तक और जितना याद करता हूँ उतना ही मैं हूँ' की व्याख्या कर रहे थे। मेरे हाथ में वह पर्ची थी और मैं अपने 'होने' को घटित होते हुए देख रहा था।—यानी स्मरणों की अनुगूँज रह गया था। तीन साल की सुन्दर-सी प्रेमिका का बहुत कुछ कहता हुआ एक प्रेम-पत्र। महाभारत के घमासानों के बीच जंगली घास में मुसकराता फूल...।

हॉल में ऐन भाषण शुरू होने से पहले की शान्ति थी। वात्स्यायनजी माइक के पास खड़े होकर फाइल खोल रहे थे। मैंने अपनी खाँसी रोकने के लिए गोलियों का पैकेट निकाल लिया था—ये लेमन-ड्राप्स जैसी मीठी गोलियाँ थीं। पैकेट के काग़ज़ की खड़खड़ाहट से 'ऑकवर्ड'-सा महसूस करते हुए मैं धीरे से गोली निकालने की कोशिश कर रहा था। तभी देखा, सामने दूसरे सिरे पर एक छोटा-सा विदेशी चेहरा मेरे हाथों को देख रहा है। मैं मुस्कराया। एक गोली, साथवाले को देकर वहाँ पहुँचा दी—उम्मीद कर रहा था, पलटकर वहाँ से आभार की मुस्कराहट मिलेगी। तभी भाषण शुरू हो गया। प्रारम्भिक परिचय इत्यादि अंग्रेजी में थे। 'अज्ञेय' जी हिन्दी में बोलने लगे तो वे विदेशी महिलाएँ चुपचाप उठकर बाहर चली गईं—उसका हाथ पकड़े हुए।

और मैं सूरज को हाथ में लिये एक अद्भुत पुलक में खो गया था—कोई स्मृति नहीं थी—सिर्फ गड्डमड्ड-सी कुछ झाँइयाँ थीं, चेतना की पकड़ से फिसलती कुछ तसवीरें थीं और छोटी-सी प्रेमिका का चेहरा था—शायद चेहरा नहीं, एक खिड़की और उसमें से बहुत-से चेहरे झाँक रहे थे।

कहीं कोई भी नहीं जान पाया कि कौन इस अँधेरे में मुझे एक छोटा- सा सूरज देकर चला गया था...।

1950 के पहले की कहानियाँ

इन कहानियों को मैं बिलकुल ही भूल चुका था मगर भला हो श्री उमेश शर्मा जिन्होंने इन्हें सँभालकर ही नहीं रखा, बल्कि चार-पाँच साल पहले कृपापूर्वक मुझे भेज भी दीं। ईमानदारी से कहूँ तो इन उमेशजी को न पहले जानता था, न अब याद आ रहा है कि वे कहाँ के हैं, क्या करते हैं और मेरे लेखन में इनकी दिलचस्पी कैसी है? फिर भी मैं कृतज्ञ हूँ।

निश्चय ही ये कहानियाँ सन् 1950 के पहले की हैं और निहायत कच्ची हैं, फिर भी श्री अमृतराय ने 'हंस' में इन्हें लगातार प्रकाशित किया।

इन्हें सिर्फ इसलिए दिया जा रहा है कि इनमें भावी विकास के बीज दिखाई दे सकें। पाठक अगर न चाहें तो इन्हें न पढ़ें।

परिस्थितियाँ

मेरी बहन को तुम पहचानते होगे। आज से आठ वर्ष पहले अपने में संकुचित, अपने सारे शरीर को जैसे समेट-सी लेती हुईं, वे बहुधा हाथ में कुछ पुस्तकें लिये, सिर झुकाए जब स्कूल जाती थीं, तो तुमने उन्हें अवश्य देखा होगा। तुमने गौर किया होगा उनके मुख पर एक दृढ़ आत्माभिमान सदा प्रतिभासित होता रहता था। तुमने उन्हें कभी साधारण कपड़े पहने नहीं देखा होगा—बढ़िया कपड़े पहनने का शौक था। उन दिनों वे चौदह वर्ष की थीं, और मैं दस वर्ष का। तभी की एक घटना मुझे अब याद आ रही है—

माताजी की तबीयत ठीक नहीं थी। न जाने किस कारण से उनकी एक दाढ़ सूज आई थी, उसी से उनके सारे जबड़ों में दर्द होता था। उन्हें बुखार आ गया था। वे खा-पी भी नहीं सकती थीं। तीन दिन तक जीजी स्कूल नहीं गईं, ये दिन-रात माताजी के पास ही बैठी रहतीं—माताजी के बहुत डाँटने-फटकारने पर भी नहीं हटतीं। रात को मैं जब कभी बुरे स्वप्नों से चौंककर या माताजी की कराह से, उन्निद्र हो जाता, तो देखता, किसी तपस्या—किसी साधना में लीन-सी वे माताजी के पासवाली आरामकुर्सी पर लेटी अपलक नेत्रों से उनके मुख की ओर देख रही हैं। अपनी खाट पर चुपचाप लेटा मैं जब उनकी उन खुली हुई आँखों की ओर देखता तो मुझसे देखा नहीं जाता। न जाने कैसी एक हलके भय की छाया-सी मेरी आँखों में तैर जाती, और मैं विवश होकर आँखें बन्द कर लेता।

मैं देखता, जीजी पीली पड़ रही हैं। माताजी के हठ पर वे मेरे साथ

खाना खाने बैठतीं, पर ग्रास जैसे उनके गले के नीचे उतरता ही न हो, उन्हें उबकाई-सी आने लगती। और वे उठ जातीं। इन तीनों दिनों को मिलाकर कदाचित् वे एक समय की अपनी खुराक भी न खा पाई होंगी।

मुझे खेलने से ही अवकाश नहीं मिलता था, पर मेरी बहन के मातृ-प्रेम की प्रशंसा मेरे कानों में पड़े बिना न रह सकी। हमारे पड़ोस की स्त्रियाँ आतीं, माताजी को देखतीं और मेरी बहन के भी शीघ्र बीमार हो जाने की आशंका प्रकट करती हुईं उन्हें अपने शरीर का ध्यान रखने को डाँटतीं। पर जीजी थीं कि धीरे से हँसकर सारी बातें उड़ा जातीं। एक बात थी उनके हँसमुख स्वभाव में, उनकी उस स्वच्छ-निर्मल हँसी में अभी कोई परिवर्तन नहीं हुआ था।

चौथे दिन की बात है कि बाबूजी चिन्तित मुद्रा में सिर पर हाथ फिराते हुए आए। माताजी सो रही थीं। जीजी अपने नियम के अनुसार बैठी थीं।

'बेटी, तू क्यों बैठी रहती है दिन भर? कहाँ तक साथ देगी तू इसका? इसकी क्या है—ये आज मर जाए, तो तू भी इसके साथ मरेगी, क्यों? सोचो, तुम्हारे पढ़ने में कितनी हानि हो रही है—अच्छा उठो, नहाओ, धोओ।' और फिर उसी तरह बाबूजी चले गए।

उनके बाहर जाते ही जीजी कुर्सी पर औंधे मुँह सिसक-सिसककर रो उठीं। मैं विस्मय से सहमा-सा देखता रहा। वे लगभग एक घंटा तक रोती रहीं, और फिर आशा के विपरीत वहाँ से उठ गईं। उन्होंने मुँह धोया। उनकी आँखें और नाक लाल हो रही थीं। मुँह धोकर जब वे तौलिया से मुँह पोंछ रही थीं, तो तौलिया को मुँह पर रखे वहीं—वैसी ही, देर तक खड़ी रहीं। मुझे लगा, वे रो रही हैं। मुझे उनका यह रोना अच्छा नहीं लग रहा था। मेरे अन्दर भी जैसे एक रुलाई-सी फूट रही थी, पर मैं उनसे पूछ भी नहीं सकता था। उनके रोने का कारण मैं जानता था। माताजी के मरने के विषय में एक शब्द भी कहना उनके लिए रोने का सामान तैयार करना था। ऐसा एक बार इससे पहले भी हो चुका था।

मैं वहाँ से हट गया। उन्हें देखकर मेरे ऊपर भी जैसे दिन भर उदासी छाई रही। जीजी को देखते ही कहीं मुझे फिर रोना न आ जाए, इस भय से मैं घर में नहीं जा रहा था। किन्तु खेलने में भी मन नहीं लग सका।

दिन जाड़े के थे और बादल छाए हुए थे। हवा तीखी थी। खम्भे के पास बरामदे में मैं मनमारे चुपचाप बैठा नीम के वृक्ष को देखता रहा, फिर नौकर के साथ तीन फर्लांग दूर शहर से डॉक्टर को बुलाने चला गया।

उस दिन माताजी की वह दाढ़ उखाड़ दी गई। पीड़ा और ज्वरजन्य निर्बलता के कारण माताजी अचेतप्राय थीं—वैसे भी उन्हें 'कोकीन' का इंजेक्शन दिया गया था। मैं उदास-सा बौड़म की भाँति दिन भर इधर-उधर घूमता रहा—सही, पर माताजी की कराह और माताजी से दूर बरामदे के ही पासवाले कमरे को बन्द करके चुपचाप रोती हुई करुणा-कातर सिसक, मेरे हृदय से बवंडर की भाँति धुआँ-सा उठ-उठकर कंठ में फँसाए दे रही थी। बार-बार मैं अपनी कमीज के अगले भाग को आँखों के ऊपर रख लेता।

दिन छिपे के समय मैं डरते-डरते, जीजी से बचते हुए जाने लगा, तभी बगलवाले कमरे से उन्होंने ही मुझे आवाज दी। मैं ठिठक गया, रुका, कि शायद जीजी किसी और को बुला रही हैं, पर उन्होंने फिर मुझे बुलाया। मैं हृदय को कड़ा करके उस कमरे में गया। अपने बिस्तर बिछाकर रजाई ओढ़े हुए वे लेटी थीं। मैं द्वार पर जाकर खड़ा हो गया।

'यहाँ आओ, पास।' मृदुल और अंशतः आर्द्र स्वर में उन्होंने कहा।

मैं पास जाकर उनकी चारपाई पर बैठ गया। तकिए का सहारा लेकर वे भी बैठ गईं—जैसे बीमार हों।

'देखो, कितना जाड़ा पड़ रहा है देव, कहाँ घूम रहे हो तुम?' कहकर उन्होंने मुझे अपनी रजाई उढ़ा दी।

मेरे अन्दर फिर ज्वार-सा उमड़ने लगा, पर मैं चुपचाप पुस्तकों की अलमारी की ओर देखता हुआ बैठा रहा।

'डॉक्टर गया?' उन्होंने पूछा।

'जी—' मैंने उसी भाँति निश्चल रहकर ही कहा। फिर धीरे से बोला, 'उनकी वह दाढ़ टूट-टूटकर निकली।' यह नौकर से सुनी हुई बात मैंने कही।

'हाय! ख़ून निकला होगा?' अपलक मेरे मुँह की ओर देखकर उन्होंने पूछा। फिर दुखित, विह्वल-से स्वर में दीर्घ श्वास खींचकर उन्होंने कहा, 'पर उन्हें क्या मालूम वे तो...।' मैं समझ गया यह उनके रोने की पहली सीढ़ी थी।

'शंकर बता रहा था कि एक आधपाव ख़ून निकला होगा!' अब मुझे ठंड अनुभव हो रही थी, मैं रजाई को चारों ओर से लपेटने लगा।

जब से मुँह खोलकर, सधी हुई साँस लेती, आँखें फाड़े वे रुलाई को रोक रही थीं। अब एकदम फूट पड़ीं। रुदनावेश में उद्विग्न, विह्वल, असंयत-सी वे मुझसे प्रायः लिपट-सी गईं–'देव, मेरे भैया, 'पिलास' लाकर मेरी भी दाढ़ उखाड़ दो, मैं कुछ भी नहीं कहूँगी देव!'

शायद तुम्हें यह घटना अस्वाभाविक लग रही होगी। माताजी की दाढ़ उखड़ने के कारण अपनी भी दाढ़ उखड़वानेवाली मेरी बहन को तुम पागल कहोगे–मैंने भी ऐसा ही समझा था। घटना के स्वाभाविक होने की सिफारिश मैं तुमसे नहीं करूँगा।

2

समय बदल गया है। यह घटना आठ वर्ष पहले की है। मेरी बहन की शादी हो चुकी है। एक लड़का भी गोदी में है। सदा की रोगिणी माताजी बहुत बीमार हैं–इस बार मुझे विश्वास है कि वे नहीं बचेंगी। दुर्बलता का कोई ठिकाना नहीं है। बिना दूसरे की सहायता के वे करवट भी नहीं बदल सकतीं। अपने शक्ति भर इलाज करा चुकने के पश्चात् बाबूजी अब उनकी ओर से बिलकुल उदासीन हो चुके हैं। उनकी हार्दिक इच्छा है कि वे शीघ्र से शीघ्र मर जाएँ। मेरी फोर्थ ईयर की परीक्षाओं के बारह दिन हैं। दीन-दुनिया से बेसुध होकर मैं पढ़ाई में लगा हूँ। माताजी मरें या जिएँ, परीक्षा तो मुझे पास करनी ही है।

परिचर्या के लिए हमने अपनी बड़ी बहन को बुला लिया है। उनके लड़के को भी निमोनिया हो रहा है। लड़ाई और इस तेजी के जमाने में नौकर हम नहीं रख सकते। पहले जैसी बात अब नहीं है।

3

परीक्षा की पढ़ी-पढ़ाई रूखी पुस्तकों में मेरा मन नहीं लग रहा है। सामने लैम्प रखे, पुस्तक खोले मैं सोच रहा हूँ कि जीजी अब मुझे खाने के लिए

बुलाने वाली हैं। रात के ग्यारह बज रहे हैं। अन्दर वे बर्तन साफ कर रही हैं–उनकी चूड़ियों की खनखनाहट और बरतनों का शब्द मुझे सुनाई दे रहा है।...प्रातः पाँच बजे से ही वे झाड़ू लगाती हैं, फिर बरतन इत्यादि साफ करके पानी और फिर खाना। दोपहर को फिर बरतन माँजना, चौका करना और फिर रात के बारह बजे तक वही। बीच-बीच में अपने लड़के की देखभाल, माताजी की देखभाल, उनकी दवा, उनके लिए दूध इत्यादि–उनकी अन्य आवश्यक परिचर्या। कई रातों से वे सो नहीं पाई हैं। रात को न जाने कितनी बार माताजी को करवट दिलाने, दवा देने, उन्हें भली प्रकार उढ़ाने और अन्य आवश्यक कामों के लिए उठना पड़ता है। फिर अपने लड़के का भी ध्यान है। अपने शरीर को देखने का उन्हें अवकाश नहीं है।

रात-दिन जागने और मशीन की भाँति काम करने के कारण उन्हें कल से हरारत–हलका बुखार–हो आया है। मैं अब उनके मुख पर हँसी नहीं देख रहा हूँ। न जाने किन भावों में निमग्न, न जाने क्या सोचती हुई वे रात-दिन अविराम काम किए जा रही हैं। हाँ, और इतना सब होते हुए भी उन्हें इसकी चिन्ता है कि कहीं मेरे पढ़ने में बाधा न पहुँचे–कॉलेज जाने से पहले ही खाना तैयार हो जाए। रात-दिन अविश्रान्त, बिना रुके, निर्जीव की भाँति वे काम किए जा रही हैं।

...वे बरतन माँज चुकी हैं, अब हाथ साफ करके मुझे बुलाने आ रही है...मैं उनके पैरों का शब्द सुन रहा हूँ। उनके आने से पहले मैं स्वयं उठना चाहता हूँ...।

उनका बच्चा एकदम क्षीण आवाज में रो उठा है। शायद वे उसे देखने गई हैं। मैं फिर बैठ गया हूँ। बच्चे को जब चुप कर चुकेंगी तब जाऊँगा। फिर से हिस्टरी की यह पुस्तक समाप्त कर लेनी है...।

'उमा, ओ उमा।' माताजी जीजी को बुला रही हैं। दुर्बलता और रोग के कारण वे चिड़चिड़ी हो गई हैं।

'आ रही हूँ, माताजी।' दूर–कमरे से उनका स्वर सुनाई दे रहा है, हिस्टरी की पुस्तक का दूसरा अध्याय मैं प्रारम्भ कर रहा हूँ।

'उमा, पानी देना जरा।' इस बार पहले से जोर से उन्होंने जीजी का स्वर सुनकर भी कहा।

'आई।' बच्चे को चुप करती हुई वे शीघ्रता में कह रही हैं।

'क्या कर रही है—जरा पानी...' विवशता की असमर्थ रुलाई ने उनके स्वर को रोक दिया है।

'आ तो रही हूँ।' कुछ झुँझलाहट का शब्द मुझे सुनाई दे रहा है। शायद, बच्चा शीघ्र नहीं छोड़ रहा।

'लीजिए,' माताजी को पानी देने मैं जा रहा हूँ!

'अरे, मेरा तो दम निकला जा रहा है!'—कराह भरे स्वर में माताजी कहकर बच्चों की भाँति रो रही हैं—उफ, निर्बलता का अभिशाप कितना असह्य है।

'उँह, मर भी तो नहीं रहीं, पाप कटे रोज-रोज का, आते-आते भी हल्ला मचा रही...' और रोते बच्चे को जोर से खाट पर पटककर धम्-धम् करती स्वयं रोते हुए शब्दों में बड़बड़ाती वे आ रही हैं।

मैं ठक्-सा एकदम खड़ा रह गया हूँ।

अब तो शायद तुम्हें यह घटना अस्वाभाविक नहीं लग रही होगी।

('हंस' मासिक, बनारस, वर्ष : 18 अंक : 1 अक्टूबर, 1947)

शाप

चप्पल हाथ में लेकर चलना कुछ भद्दा और असभ्य-सा लगता था, इसलिए उस टूटी चप्पल को किसी तरह घसीटता हुआ मैं किसी मोची के पास तक ले जाना चाहता था। यह लड़ाई का ज़माना क्या आ गया, एकदम जैसे दुनिया पर बेईमानी बरस पड़ी। जिसे देखो, लोगों को बेवकूफ़ बनाकर जेब खाली करा लेना चाहता है। चप्पल जैसी चीज में भी तो लोग चटाई और पट्ठे भरने लगे।

"लेना भई, ठीक कर देना इसे ज़रा।"

चौराहे के एक ओर सड़क के किनारे बनी हुई नाली के ऊपर तख्ते का टुकड़ा डालकर उस पर एक छोटा-सा लड़का बैठा, जूते ठीक कर रहा था। पास में क्रम से खुली हुई, पॉलिश की डिबियाँ और उनके ढक्कन, किसी डिबिया में गाढ़ा रंग, जिसमें गन्दे कपड़े का छोटा टुकड़ा भिगोया हुआ था। उसके एक ओर नए चमड़े के कटे-कटाए सोल, हील और गोल टुकड़े—मज़बूत पीले और मोटे! पास ही रंगीन और मुलायम चमड़े की कतरन—जो किसी कारख़ाने से उठाकर लाई गई थी। दूसरी ओर टूटे हुए जूतों-चप्पलों का वह ढेर जो उसके पास मरम्मत को आए थे। उसके सामने एक बड़ी-सी डिबिया जिसमें छोटी-बड़ी कीलें भरी थीं—जूतों के स्टार और नालों के खुले डिब्बे। उसके बिलकुल हाथ के पास टूटा-सा टीन का डिब्बा जिसमें लापरवाही से उसके आवश्यक औजार भरे थे—राँपी, सुतारी, जम्बूर, टेढ़े-मेढ़े लोहे के टुकड़े। बिलकुल उससे सटा हुआ टीन का एक और छोटा-सा गोल डिब्बा, जिसमें तार का एक टुकड़ा

उठाने के लिए लगा दिया गया था। डिब्बे में पानी भरा था और चमड़े का छोटा टुकड़ा उसमें भीग रहा था।

इस प्रकार अपने चारों ओर दूकान सजाए–बीच में बैठा हुआ वह लड़का, अपने सामने के विचित्र बनावटवाले भारी औज़ार-विशेष (इसे वह 'बौड़म' कहता था) में जूता फँसाकर सील लगा रहा था–व्यस्त और बेसुध।

चप्पल मैंने उसकी ओर बढ़ाई तो उसने पास के ढेर की ओर सरका दी–"अच्छा बाबू।" बिना सिर उठाए ही उसने कहा। वह पूर्ववत् अपने भारी बोल्ट से उस जूते का तला ठोंकता रहा।

"जल्दी है भाई, इसे पीछे लगा लेना।" मैंने कुछ अनुरोध से कहा–जानता था, ऐंठ का ज़माना नहीं है। स्वर में यदि कुछ भी तेज़ी आ गई तो उससे दुगुनी तेज़ी से मुझे चप्पल देते हुए आगे किसी दूसरे मोची को तलाश करने का आदेश मिल जाएगा।

उसने उस औज़ार से जूते को निकाल लिया, और फिर कुछ तनकर बैठते हुए अपनी गर्दन पीछे की ओर फेंक दी–एक झटके से, जैसे इतनी देर सिर झुकाए रहने से उसकी गर्दन दुखने लगी हो, दोनों हाथ ऊपर तानकर फिर उसने अँगड़ाई ली। मैं उसे देख रहा था। आँखें मिलते ही वह एकदम मुस्करा पड़ा–"थक जाता हूँ बाबू!" निःसंकोच उसने कहा, और फिर एक झटके से वह सचेत हो गया, गर्दन झुकाकर मेरी चप्पल के टूटे हुए अंशों को जाँचने लगा।

उम्र कोई 13-14 वर्ष, पतले होंठ, सुन्दर नाक, हँसते हुए कपोल और गोरा रंग–जिस पर असावधानी के कारण लगा हुआ मैल स्पष्ट दिखाई दे रहा था। निर्दोष मुखमंडल। बाल इंग्लिश ढंग के कटे, पर तेल न होने से धूसर और बिखरे हुए से। जगह-जगह चिकनाई के काले से धब्बे पड़ी हुई गन्दी कमीज, फटी-सी नेकर।

एक क्षण के लिए मेरे अन्दर सहानुभूति का भाव जगा, इस लड़के के अभी तो खेलने-खाने के दिन हैं, और उसी क्षण वह लुप्त भी हो गया। मैंने फिर लड़के के सारे शरीर पर दृष्टि फेरी–जैसे संसार को बिलकुल भूलकर वह सुतारी से टाँके लगा रहा था।

वहाँ इस प्रकार खड़ा रहना भी अधिक अच्छा नहीं लग रहा था,

इसलिए मैं सड़क पार करके सामने के एक परिचित पान की दूकान के सामने आ खड़ा हुआ। लड़के का गन्दा मुँह देखकर मुझे अपने मुँह का ध्यान आ गया था—पानवाले के बड़े शीशे में मैंने अपना मुँह देखा, बाल देखे, और रूमाल निकालकर बालों पर धीरे से फेरा, मुँह पोंछा। फिर पान खाकर सिगरेट जलाई और घड़ी की ओर उड़ती दृष्टि फेंककर मैं आने-जानेवालों को देखने लगा—ताँगे, इक्के, पैदल...कार...रंग-बिरंगे तरह-तरह के। बीच में खड़ा हुआ लोहे का भद्दा टोप लगाए सिपाही अधिक सचेत होकर अपने हाथ तत्परता से इधर-उधर हिलाकर संकेत कर रहा था। एक मिश्रित-सा कोलाहल वातावरण में व्याप्त था, वायु में किसी दूकान पर बनती हुई तेल की कचौड़ियों की तीखी गन्ध भरी थी। मैंने सामने देखा—बिना किसी भी ओर ध्यान दिए लड़का चप्पलों में जुटा था! सड़क पार करके मैं फिर उसकी ओर आ गया। लड़के को शायद मालूम हो गया—पर उसके हाथों में तनिक भी शिथिलता नहीं आई।

"बन गई?" मैंने पूछा।

"नहीं—ये रह गई है ज़रा सी।" उँगलियों से उसने बताया और एक क्षण के लिए मेरी ओर देखा।

"ज़रा मज़बूत बनाना।" मैंने कहा।

लड़के ने कुछ भी उत्तर नहीं दिया। चुपचाप राँपी से चप्पल को उस तख्ते पर, जिस पर वह बैठा था, रखकर बड़े मनोयोग से तराशने लगा।

वातावरण को देखकर मैंने अपनी सहानुभूति बलात् उसकी ओर केन्द्रित कर दी या वह स्वयं आकृष्ट हुई, कह नहीं सकता। पर मुझे अनुभव हो रहा था, बालक निरीह है।

"क्यों, तुम सब तरह के जूते ठीक कर लेते हो?" मैंने उससे पूछा। यों चुपचाप खड़े रहना अशोभन-सा लग रहा था।

"हाँ," सिर उठाकर बड़े आत्मविश्वास से उसने कहा।

"यहाँ कब से बैठने लगे हो? पहले तो हमने नहीं देखा था।"

"हाँ थोड़े दिन से बैठने लगा हूँ—पहले हमारा चाचा बैठता था यहाँ।" उस लड़के ने बिना अधिक उत्साह दिखाते हुए मेरी बात का उत्तर दिया।

"चाचा कौन?"

"बाप," कुछ रुककर उसने कहा—"जब वह मर गया तो मैं बैठने

लगा—पहले मैं पॉलिश करता हुआ घूमा करता था।''

''तो तुम अपनी माँ के साथ अकेले ही होगे?'' मैंने शब्दों में सहानुभूति प्रकट करते हुए पूछ लिया।

''नहीं बाबा, हम और बेली हैं, बस—एक कोठरी है, कभी-कभी चाची देख जाती है—हम और वह, दोनों उसी में रहते हैं। माँ नहीं है बचपन से ही!'' पैर के अँगूठे में डोर अटकाकर वह निर्द्वन्द्व बोला—''बहन है बेली!''

मैंने अनुमान लगा लिया कि माँ शायद बचपन में ही मर गई होगी, तो भी यों ही पूछ लिया—''कहाँ गई?''

''जब हम छोटे थे, तभी भाग गई।'' सिर झुकाए वह डोरे पर मोम लगा रहा था।

''भाग गई—कहाँ।'' अब मैं कुछ सचेत हुआ।

''हमारा पड़ोसी था—एक मुसलमान, उसके साथ।'' तले में चमड़े का टुकड़ा रखकर वह जल्दी-जल्दी टाँके लगाने लगा।

मैं चुपचाप उसके विषय में सोचता रहा। वह निर्विकार अपना काम किए जा रहा था।

''कितना कमा लेते हो दिन भर में?'' बात बदलकर मैंने कुतूहल से पूछा।

''कमाने की क्या है?'' और उसने चप्पल मेरी ओर सरका दी।

''कितने पैसे हुए?'' चप्पल पहनते हुए मैंने जेब में हाथ डाला।

''जो भी आप चाहें।'' वह निर्विकार भाव से पहले जूते को फिर उसी तरह उस औज़ार में फँसाने लगा।

''तो भी, बताओ तो सही आख़िर।'' मैंने कहा।

''नहीं, आप जो देंगे, मैं ले लूँगा।''

''हाँऽऽ! ये बातें रहने दो तुम, क्या हुआ ठीक बता दो।'' मैंने तेज़ स्वर में कहा।

''सच, जो कुछ आप चाहें।'' सिर उठाकर उसने मेरी ओर देखा—एक करुण-सी मुस्कराहट उसकी दारुण गम्भीरता में धीरे-धीरे विलीन होती जा रही थी।

''तुम नहीं बताओगे तो मैं कुछ भी नहीं दूँगा।''

"अच्छा, कम हुए तो मैं और ले लूँगा।" और मानो वह मेरे बच्चों जैसे हठ पर विद्वानों की भाँति हँस पड़ा।

अठन्नी बटुए से निकालकर मैंने उसे दे दी और मन में हँसता हुआ चल दिया–कितना मूर्ख है यह लड़का, ज़रा सी देर में इतना अपनत्व अनुभव करने लगा।

"बाबू!" उसने पुकारा।

मैं बीच सड़क में था, वहाँ रुककर कुछ पूछना ठीक न था–सीधा फिर उसके पास आ गया।

चवन्नी उसने मेरे हाथ पर रख दी–"यह ज्यादा है बाबू।"

अब आश्चर्य से आँखें फैलाकर मैंने उसे देखा।

"तब तो तुम ईमानदार हो भाई!" मेरे मुख से निकल पड़ा। मिठाई खाने या यों ही रख लेने को फिर मैंने चवन्नी नहीं दी। चुपचाप लेकर चला आया।

मार्ग में मैंने अपने आपको काफ़ी कोसा; धिक्कारा–बेचारा इतना निरीह, असहाय है। उसे चवन्नी दे देने में बुराई ही क्या थी? माना उसने लौटा दी, तो क्या एक बार अनुरोध भी नहीं किया जा सकता था? और फिर मैंने अपने हृदय में उठती हुई सारी ग्लानि से उस झूठे आत्माभिमान को गालियाँ दीं, जिसने मुझे चवन्नी नहीं देने दी थी। न जाने क्यों मुझे स्पष्ट ही यह अपना दुर्भाग्य लगता है। मेरा हृदय इतना संवेदनशील नहीं है। क्या किसी भी आदमी को ऐसे लड़के को देखकर अपने अन्दर दया का ज्वार अनुभव नहीं होता–जो अभी बालक है, किशोर, अबुध, बिना माँ-बाप का। और केवल एक बहन ही जिसके साथ है।

मैंने यशपाल की 'दुख' कहानी पढ़ी है, महादेवी के 'घीसा' और प्रसाद के 'मधुआ' को भी देखा है। उन्हें पढ़कर मुझे ऐसे लागों के प्रति संवेदना हुई है, अपने अन्दर मैंने सहानुभूति अनुभव की है। उच्च वर्ग के द्वारा शोषित, शासित ये लोग कितने ग़रीब हैं, असहाय हैं! और इन कहानियों को पढ़कर प्रत्येक बार मैंने दोनों हाथों की मुट्ठियाँ कसकर भगवतीचरण की 'भैसागाड़ी' को दुहराया है–मानो मेरे इस भावुकता के आक्रोश से पूँजीपतियों की थैलियाँ फट-फटकर बिखरी जा रही हों, काँपकर लड़खड़ाते हुए साम्राज्यवाद की दीवारें गिरी पड़ रही हों! और

आज जब भौतिक संसार में मैंने उनका प्रतिरूप देखा, तो मेरा हृदय एकदम भावशून्य हो गया। जैसे ये चीज़ें तो इतनी हैं कि एक-एक को लेकर इनके प्रति सहानुभूति, संवेदना दिखाना असम्भव है। मैं काग़ज़ के पात्रों पर सोच सकता हूँ, उन्हें सहानुभूति दिखा सकता हूँ, उनके प्रति दया प्रकट कर सकता हूँ; पर जीते-जागते मनुष्यों के लिए मेरे पास कुछ नहीं है। इस विडम्बना की विभीषिका की झलक मात्र से ही मैं लज्जित हो उठा।

दूसरे दिन अपने घर के अधिकांश फटे हुए जूतों को इकट्ठा करके मैंने थैले में रखा और फिर उस लड़के के पास जा पहुँचा।

आज लड़के के पास ही दस-ग्यारह वर्ष की एक छोटी लड़की भी बैठी थी—मैले और फटकर तार-तार हुए कपड़े, शारीरिक असावधानी के कारण काले और भद्दे हाथ, गन्दे पैर, उन पर धूल जमी हुई, फिर पानी की बूँदें-सी, जो बहकर सूख गई थीं। छितरे हुए बाल। वह लड़की 'राँपी' से निरुद्देश्य-सी चमड़े का एक छोटा टुकड़ा छील रही थी। मुखाकृति सुन्दर थी, उस लड़के से मिलती हुई। मैंने अनुमान लगा लिया—'बेली' होगी।

वह लड़का उसी प्रकार बैठा था। पास ही एक गन्दे-से कपड़े में मोटी-सी रोटी रखी हुई थी। हाथ के जूते पर पॉलिश करते हुए—कभी-कभी उसमें से टुकड़ा तोड़कर वह खा लेता था। हाथ उसके अविराम चल रहे थे। जितनी बार भी मैंने उसे देखा था—ऐसा लगता, जैसे आस-पास के संसार से उसे कोई मतलब नहीं हो।

मैंने थैला उसके सामने उलट दिया—"ठीक होंगे ये।" लड़के ने सिर उठाया। मुख का कौर चबाते हुए गालों पर एक अस्पष्ट-सी मुसकान थिरकती हुई उसकी आँखों में खिंची काली लकीरों में अदृश्य हो गई। वह मुसकान ऐसी थी जैसी परिचितों को देखकर स्वतः मुख पर आ जाती है। बोला कुछ नहीं, ज़ोर से सिर हिलाकर उसने स्वीकृति दी। और जल्दी-जल्दी मुँह चलाने लगा।

"जल्दी।" मैंने प्रयत्न किया कि मेरे मुख की अभिव्यंजना भी स्निग्ध हो।

"जल्दी नहीं बाबू।" उसने कहा—इस प्रकार जैसे वह मुझसे बहुत

परिचित है, और मैं उसका कहना अवश्य मान जाऊँगा।

"क्यों?—ये फिर कर लेना।" मैंने स्नेह से हँसकर कहा।

"नहीं बाबू, फिर करने का नहीं है—थानेदार साहब की घोड़ी का सब साज है, उन्हीं के कुछ जनाने सैंडिल हैं, कुछ इन दूकानदार के जूते हैं—सुबह से कुछ नहीं कर सका, न जाने कब तक होगा।" कुछ घुटे-से स्वर में वह बोला।

"कौन दूकानदार?"

उसने पास के चाट-पकौड़ीवाले की ओर संकेत किया, "ये ही तो हमें अपनी दूकान के पास बैठने देते हैं।"

'तो आज तुम गहरे में हो।' मैंने यों ही परिहास से कहा, "हफ्ते भर की कसर तो तुम ज़ीन में ही निकाल लोगे।"

"क्या गहरा बाबू?..." और सहसा बीच ही में रुककर उसने एक गहरी साँस खींची। सिर उसका झुका हुआ था, तो भी मुझे स्पष्ट अनुभव हुआ, विषाद की एक कातर कालिमा उसकी आँखों के पास के काले गढ़ों से निकलकर सारे मुख पर व्याप्त हो गई।

"कौन देता है बाबू, इन ज़ीन सैंडिल और जूतों के पैसे?" एकदम 'राँपी' को ज़मीन पर पटककर सिर उठाते हुए उस लड़की ने निर्भय और तेज़ स्वर में कहा, "हुकुम दे गए हैं कि शाम तक बिलकुल 'टिचन' मिलै।" और फिर आवेग में लड़की ने भाई के हाथ का जूता छीनकर एक ओर रख दिया—जोर से—"पीछे हो जाएगा वह सब, तू रोटी खा ले पहले। पंडित (चाटवाला) कहीं भागा नहीं जा रहा?"

लड़के ने अपनी बहन की ओर देखा। क्रोध से उसके नथने फैलकर फड़कने लगे थे। वह थोड़ी देर उसकी ओर देखता रहा—कह नहीं सकता, उसकी आँखें स्वाभाविक ही वैसी थीं या उनमें कुछ तरलता प्रतिभासित हो रही थी। फिर उसने बिलकुल निर्जीवों की भाँति सिर नीचे डाल लिया। धीरे से उसी जूते को उठाया—हिचकते हुए से हाथ से 'बुरुश' उठाकर धीरे-धीरे उस पर फेरने लगा—डरता-सा, कहीं बेली फिर छीनकर न रख दे।

मैं अभी यों ही खड़ा हूँ—शायद यह बात उसे याद आ गई, नाली की ओर मुँह करके नाक साफ़ करते हुए उसने विचित्र और भर्राए कंठ से

कहा, "बाबू, दिन छिपे...।"

थोड़ी देर मैं और खड़ा रहा, फिर उदास और कुछ सोचता-सा लौट आया। लड़का कितना सहिष्णु और गम्भीर है, इस बात को मैं नहीं भूल पा रहा था। तेरह-चौदह वर्ष के अपने वर्ग के लड़कों से मैं उसकी तुलना करने लगा।

सन्ध्या को फिर पहुँचा। अत्यधिक गम्भीर होकर लड़का मेरे जूतों को ठीक कर रहा था। मैं सामनेवाली पान की दूकान पर आ खड़ा हुआ। पानवाले की बेंच पर एक पैर रखकर शान से सिगरेट पीने लगा।

तभी मैंने देखा, एक सिपाही उस लड़के के पास पहुँचा। शायद चौराहे पर उसकी ड्यूटी लगने में अभी देर थी। उसने लड़के से ऐंठी हुई मुद्रा में कुछ कहा, फिर अपने भारी-भरकम जूतों की ओर संकेत किया।

लड़के ने सिर उठाया, उसकी ओर करुण और याचनापूर्ण दृष्टि से देखते हुए मेरेवाले, हाथ में लगे जूते की ओर इशारा किया–शायद, वह कह रहा था, हाथ का काम समाप्त कर दूँ। और वह तेज़ी से हाथ चलाने लगा।

सिकुड़कर सिपाही की दोनों भवें नाक के ऊपर मिल गईं। उसने बूट की ठोकर लड़के के पेट में मारी और फिर क्रुद्ध होकर डाँटने का भाव दिखाया।

हाथ का जूता छोड़कर लड़का उस जगह हाथ रखकर जहाँ ठोकर लगी थी, एकदम दुहरा हो गया। उसका मुख रुदन-विकृत होने लगा।

सिपाही ने फिर डाँटा, और बूट सहित पैर बढ़ाकर शायद आज्ञा दी कि इस पर पॉलिश करे।

पीड़ाधिक्य से सिसकता हुआ लड़का विवश-सा धीरे-धीरे सीधा हुआ और अपने घुटने पर सिपाही का बूट रखकर 'ब्रुश' से धूल झाड़ने लगा।

तभी मेरे सामने एक 'ट्राम' आकर खड़ी हो गई–थोड़ी देर बाद चल दी। सिपाही को कड़े शब्दों में लज्जित करने के लिए–(डाँटने तो नहीं) मैं उस लड़के के पास गया। अविराम उसके दूसरे जूते पर पॉलिश करते हुए लड़के ने मेरी ओर देखा–फिर काम में लग गया। इस बार उसके मुख पर मुस्कराहट नहीं थी–उसका मुख बिलकुल भावशून्य था।

''क्या बात है?'' मैंने ऐंठकर पूछा।

''कुछ नहीं जी, साले बड़े हरामज़ादे होते हैं।'' और अपने चमचमाते जूतों को शान से चरमराता हुआ वह सिपाही जाने लगा।

''और पैसे–?'' मैंने कुछ तेज़ स्वर में सिपाही से कहा। 'पैसे?' आश्चर्य से उसने दुहराया और मुँह बनाकर हँसता हुआ इस प्रकार चल दिया, जैसे मैं अभी बच्चा हूँ।

लड़का फिर मेरे जूते बनाने लगा। इस अपमान से विक्षुब्ध मैं चुपचाप खड़ा रहा।

''क्यों बे उल्लू के पट्ठे, लगाऊँ साले मैं सौ जूते। हम तो कहते हैं– गरीब है, गरीब है, और वो गरीब साले हमारे सिर पर चढ़े चले आ रहे हैं। जगह बता दी है बैठने को तो मज़े में ही आ गया है।''

मैंने एकदम चौंककर देखा। चाटवाले पंडित अपना चमरौधा उठाए हुए बिलकुल उसके मुँह से सटाकर क्रोध से काँपते हुए ऊँची आवाज़ में उसकी माँ-बहनों से अपना निकट सम्बन्ध होने की निरन्तर घोषणा कर रहे थे।

''क्या बात है?–दूर से बात नहीं कर सकते?'' मेरा आहत विक्षोभ अब इस चाटवाले पर उबल पड़ा।

''बात क्या है सा'ब, साले को मुफ़्त में बैठने को जगह दी है, छठे-छमाहे कभी एकाध टाँके को कोई चीज़ दे देते हैं तो बेगार करता है, बेगार! देखा, इस जूते की मरम्मत की है यह इसने–जी चाहता है, इसी जूते से पहले इसकी खूब जी भरकर मरम्मत कर लूँ।''

''जगह तुम्हारी कहाँ से आई?'' मैंने कड़ककर कहा, ''इस सड़क का भी तुमने पट्टा लिखा लिया है?''

मुझे देखकर शायद वह कुछ सहमा। फिर भी कुछ ज़ोर से जूते को उस लड़के की गोद में फेंककर बड़बड़ाता हुआ दुकान की ओर चल दिया–''ये और–आए नए कानूनदाँ...।''

''फेंक दो इस जूते को सड़क पर।'' मैंने कुछ नम्र स्वर में क्रुद्ध कंठ से लड़के को आज्ञा दी–''देखें यह क्या करता है?'' और चुनौती की दृष्टि से उस चाटवाले को देखा।

बहुत रुद्ध कंठ से आर्द्र-से स्वर में उसने मुझसे विनती की भाँति

कहा, ''बाबू, तुम्हारे जूते मैं सुबह ठीक कर दूँगा।'' और उसने भीत दृष्टि से चाटवाले को देखा।

मैं एकदम स्तब्ध रह गया–जड़-सा।

मैं जानता था, उस दिन वह लड़का शायद कुछ भी नहीं कमा सका–और ऐसे न जाने कितने दिन...।

कुछ दिन के लिए मैं बाहर चला गया था, फिर आ गया। मेरा हृदय अधिक भावुक या संवेदनशील नहीं है; यह मैं कह चुका हूँ। धीरे-धीरे सब बातें मेरे ध्यान से उतरने लगीं। तो भी उस चौराहे पर आकर, मेरी दृष्टि हर बार उस जगह उठ जाती जहाँ वह लड़का बैठता, उस जगह वह लड़का अब नहीं बैठता, दो बड़े-बड़े लड़के हैं।

आज दोपहर को मुझे 'बेली' दिखाई दी। मैंने उसे रोककर पूछा–''क्यों बेली, तेरा भैया कहाँ गया?''

उसने आश्चर्य से मेरी ओर देखा, फिर शायद पहचान लिया, हाथ मटकाकर तेज़ी से बोली, ''गया कहाँ, पॉलिश करता फिरता है सड़कों पर। तुमने बाबू, उसकी जगह दो आदमी बैठे देखे होंगे–चाची के लड़के हैं। चाची के कहने से उन्होंने उसकी सारी चीज़ें छीन लीं–मारा। मरेगी चाची। तुम देख लेना बाबू, भगवान ऐसा दंड देगा कि देखती ही रह जाएगी।''

उसकी अन्तरात्मा से निकले इस शाप की गहराई में पैठकर मैं विभोर हो उठा या नहीं, कह नहीं सकता, पर उस समय मैं अपने मस्तिष्क के एक-एक खाने को टटोलने लगा कि इससे मिलती-जुलती कोई कहानी पढ़ी है या नहीं, और पढ़ी है तो उसे पढ़कर मेरे अन्दर क्या भाव उठे हैं।

खानदानी घर!

मेरी इच्छा हो रही है कि धाड़ मार-मारकर, गला फाड़-फाड़कर रो उठूँ। छाती फाड़कर इतनी ज़ोर से चीखूँ कि यह पुराना मकान कोलाहल से भरकर फट जाए। पर लाख प्रयत्न करने पर भी अवरुद्ध कंठ से सिसकियाँ निकल पा रही हैं। मेरे होंठ काँप-काँप कर ऐंठ जाते हैं, पर एक शब्द भी मुँह से नहीं निकल पा रहा है जैसे किसी ने मशक में खूब पानी भरकर ऊपर से कस दिया हो—अन्दर वह पानी खौल रहा है, उबल रहा है। मुझे लगा, यदि मैं ज़ोर से नहीं रोती तो फेफड़े फट जाएँगे, जैसे मेरी पसलियाँ तनकर तड़कने तक की सीमा तक आ पहुँची हैं। किन्तु मुख से वही रुँधी हुई सिसकियाँ निकले चली जा रही हैं। मैं रो रही हूँ। पिघल-पिघलकर बह रही हूँ।

मेरी खुली हुई हथेलियाँ एक-दूसरी के ऊपर रखी हुई हैं और उन पर उस बड़े भारी खानदानी पलंग का पाया रखा हुआ है। पलंग पर सफेद चादर ओढ़े बिलकुल निश्चिन्त वह खर्राटे मार रहा है, जैसे कोई नई घटना नहीं है। मैं खूब ज़ोर से कह रही हूँ—वह मेरा पति है! उफ!

रात के इस भीषण सन्नाटे में जैसे असह्य दर्द से तड़प-तड़पकर मैं मरी जा रही हूँ। मुझे लग रहा है जैसे लोहे के कोल्हू में मेरी हथेलियों का ख़ून निचोड़ा जा रहा है। जमीन पर पड़ी हुई मैं बिलखने की कोशिश करती हूँ—पर जीभ को पकड़कर जैसे कोई ऐंठ रहा है।

करोड़ों कंठों से करोड़ों बार दुहराए शब्द मेरे मुख पर आते हैं, "हे भगवान, किन पापों को दंड है यह! कौन से जनम के करम अब विकराल

मुँह खोलकर अपना यह बदला चुका रहे हैं—हे जगदीश्वर उठा लो मुझे!" किन्तु मुझे लगता है, जैसे मेरे ये शब्द मेरे कलेजे के अन्तर्तम को चीरकर ख़ून में लथपथ से बाहर आ रहे हैं। इतने शक्तिशाली, इतने आर्त, इतने गम्भीर शब्द अभी तक किसी कंठ से नहीं निकले होंगे।

आख़िर आज मेरा दोष क्या था...?

घर में उनकी बहन 'डिक्टेटर' है, माँ का सीधा नाम लेकर वह नौकरानी की तरह दिन-रात काम कराती है। बाप की हिम्मत नहीं कि एक शब्द भी अपनी बेटी के विरोध में कह सकें। तीनों भाइयों में से कोई उसके सामने खड़ा नहीं हो सकता। उसे देखकर सबकी सिट्टी गुम हो जाती है। घर में उसका वाक्य कानून है। जरा भी नाराज़ हो जाने पर उसका पहला काम है चूल्हे में लोटा भर पानी झोंक देना और फिर? फिर सारे दिन पूरे घर का उपवास—कोई माँ का लाल नहीं जो उस रोते हुए चूल्हे की राख भी साफ कर सके! रूठकर कोठरी में पड़ी हुई जीजी को मनाकर ही दूसरे समय का खाना सम्भव होता है।

पहली पत्नी के मर जाने के पश्चात् दूसरे ही दिन जीजी द्वारा जब दूसरे विवाह का आदेश सुनाया गया तो फिर 'उनमें' इतना साहस नहीं था कि अस्वीकृति की एक रेखा भी मुँह पर आने देते! और फलस्वरूप मुझे इस मकान में आए दो ही महीने हुए हैं...और...

और मेरी हथेलियाँ कसक उठती हैं। एक मार्मिक-सीत्कार के साथ ढेर-के-ढेर आँसू मेरी आँखों के कोरों से बहकर कानों में भर गए हैं। उफ, मैं उन्हें पोंछ भी नहीं सकती। कानों में कैसी कुलबुलाहट वे मचा रहे हैं! अविराम जैसे कोई मेरे अन्दर दुहराता है—आख़िर मेरा दोष क्या है? अपराध क्या है?

एक महीना होने आया, जीजी (ननद) बड़ी जिठानी रूठी हुई हैं। बोलना बहुत दूर की बात है, जिस जगह वे बैठी हों उस रास्ते से निकलना भी पाप है। रूखी रोटी उन बेचारी को खाने को दी जाती है—बासी! केवल एक धोती उनके पास है। घर में किसी की इतनी हिम्मत भी नहीं है कि उन्हें एक रूमाल दे सके! बीस आदमियों के इस कुटुम्ब में सब रोटी उन्हें ही करनी पड़ती है—दोनों समय की। और अपराध केवल यह था कि बेचारी सुबह से दो बजे तक भूखी नहीं रह सकी—दो

आने की उन्होंने जलेबी मँगा ली थी। जलेबी फेंककर उनकी पीठ पर दाँत भींचकर जो घूँसा पड़ा था, उसे उनकी रीढ़ की हड्डी न जाने कितने दिन याद रखेगी! हमारे घर का नियम है कि सुबह जब तक सब पुरुष न खा लें, स्त्री एक कौर भी मुँह में नहीं दे सकती, और पुरुष हैं कि कोई एक बजे आता है, कोई ढाई बजे, चूल्हे के सामने बैठे-बैठे कैसी भूख की आग पेट में लहका करती है, इसे हम ही जानती हैं—रात को—एक बज जाता है। लेकिन मुँह से एक शब्द नहीं निकाल सकतीं—बड़े घर की बहुएँ हैं न!

कभी-कभी जब जीजी गर्व से कहा करती हैं—"इस घर में बीरबल रहा करते थे हमारे पुरखों को यह मकान शाहजहाँ ने इनाम में दिया था!" तो मैं इस मिथ्या दम्भ पर दाँत पीसकर रह जाती। मेरे बाप भी कैसे अन्धे थे कि इस दम्भ पर रीझ गए—कैसी खानदानी जगह मुझे ब्याहा है! इच्छा होती है, काश! गले में ढोल बाँधकर मैं ढिंढोरा पीट सकती कि ये बड़े घर की बातें हैं। उन चमचमाती ऊँची दीवारों के पीछे कैसा नाच होता है, कैसा नरमेघ होता है—उफ!

पीड़ा से मेरी नसें तनकर सुन्न हुई जा रही हैं—निश्चेतन विवशता की अनुभूति अपनी समस्त कटुता से मेरी नस-नस का रक्त जमाए दे रही है। क्या मैं यों ही मर जाऊँगी, क्या मेरे प्राण ये लोग यों ही धीरे-धीरे ले लेंगे?

प्राण? हाँ प्राणों का इनके लिए क्या मूल्य है! प्राण इनके लिए खेल है, क्योंकि हम पैरों की जूतियाँ हैं, और इनकी पहली पत्नी के विषय में सुनती हूँ तो सारे शरीर पर बड़े-बड़े रोंगटे खड़े हो जाते हैं। वह जीजी जब कभी हमारे ऊपर आतंक जमाने को कहती है—"जो कोई मेरे खिलाफ जाता है उसकी खैर नहीं है।" और फिर वे कैसी रस ले-लेकर पहली बहू के विषय में बताती हैं कि कैसे उसके हाथ-पाँव बाँधकर उसके ऊपर मार पड़ी थी—मोटे-मोटे रस्सों से! और जब पिटते-पिटते बेचारी बेहोश हो गई तो डोल भरकर उसके ऊपर पानी डाला गया था, तनिक कराही, उसे चेत हुआ तो फिर वही क्रम! और इस प्रकार तीन घंटे की मार में ही उस बेचारी गर्भवती ने प्राण छोड़ दिए थे। तुम विश्वास नहीं करोगे, पर मैं तुम्हें कैसे विश्वास दिलाऊँ कि इसमें तनिक भी झूठ नहीं

है—यह सब होता है, आज इस बीसवीं शताब्दी में यह सब बातें होती हैं। उसकी सूरत देखते ही मेरे प्राण सूख जाते हैं! और उसका अपराध यह था कि घर से उसका भाई आया हुआ था, पुरुषों के कमरे की ओर ठहरा था। पहले उसने जिठानी की छोटी बच्ची से पुछवा लिया—कमरे में केवल उसका भाई है। वह बात करने चली गई—बस! बड़े घर की बहू यों पुरुषों के कमरे में चली जाए? इससे बड़ा पाप शायद इस खानदानी घर में कभी नहीं हुआ। फिर डाँट पड़ने पर उसने जब यह कह दिया—"वहाँ और था ही कौन—भैया थे बस!" बस तभी तो गजब हो गया। जबानदराजी करती है। बेशर्म! वहाँ अपने खसम से बातें करने पहुँची थी अकेले में! जब भी उस बेचारी की तड़फड़ाती अवस्था की मुझे याद आती है तो मेरे हृदय की धड़कन रुक जाती है। सारे शरीर में जैसे शीत की एक तीव्र लहर मन-प्राण को जड़-निस्पन्द करती चली जाती है। किन राक्षसों के बीच में फँस गई हूँ—भगवान! मैं जानती हूँ, मैं बच नहीं सकती! किसी अपराध पर बोलना जबानदराजी है और चुप रहना मानो किसी बात की स्वीकृति!

मेरे साथ इन लोगों ने क्या नहीं किया है? रात-दिन इसे—मेरे पति को—जीजी बैठाकर भरती ही रहती है, तब यह मेरी ओर कैसी ख़ूनी आँखों से देखा करता है!

आह! मेरे हाथ बिलकुल निष्प्राण हो गए हैं। ठीक से मैं लेट भी तो नहीं पाती। ये सब क्यों हो रहा है? मैंने इनका क्या बिगाड़ा है? क्यों ये सब लोग मुझे तिल-तिलकर मार रहे हैं? क्यों वह मेरे खिलाफ रात-दिन भरती रहती हैं? अपने इसी स्वभाव के कारण तो विधवा होकर यहाँ पड़ी है और तब भी तो नहीं चेतती। आख़िर मैंने इनका छीन क्या लिया है, क्यों सबके सामने मुझे बदनाम करने पर तुली रहती है। सिर्फ यही धोती मेरे पास है, इसी को आधा धो लेती हूँ—आधा सुखा देती हूँ, आधी पहनती हूँ—सिर्फ इसलिए कि मैंने पत्र बिना पूछे डाल दिया अपने घर? इसलिए यह अपमान-प्रताड़ना? कोई मिलने आता है तो वह कमबख्त खूँटियों पर कपड़े टाँग देती है और उससे कहती है—"घर में कपड़े तो निरे टँगे हैं, बहू ही फूहड़िया है, पहनना ही नहीं जानती।" उस समय मेरे अन्दर कैसे तूफान मचलकर रह जाते हैं—कैसे इसकी मक्कारी

और चालाकी से भरी आँखें बाहर निकाल लूँ? उस दिन खाना खाते समय–पास ही सुराही में पानी रखा था–"माँगा, पानी दो।" मेरे हाथ चूल्हा पोतने के हो रहे थे, कह दिया जीजी जरा उड़ेल लो, बस इसी पर भरी सुराही मेरे सिर पर उठाकर मारी–इतने जोर से कि आज भी सिर छूने से दर्द होता है–बाल नहीं काढ़ती। और रात को जब दूध लेकर गई, तो इस अन्धे ने इतने जोर से ठोकर मारी थी कि मैं दस सीढ़ियों से लुढ़कती हुई औंधी सीधी गिरी–रात भर रोती रही, पर कोई सुननेवाला नहीं था।

और आज मैं पूछती हूँ मेरा क्या दोष था? पंजाब के दंगों में अपना सब कुछ लुटाकर आई हुई एक स्त्री से बात कर रही थी, बेचारी की व्यथा सुनकर आँखों में आँसू आ गए–बस ऊपर से आवाजें पड़ीं, क्या कर रही है, बस रंडी के साथ भागेगी, निकल जा उसके साथ भीख माँगने! क्या-क्या कथनीय और अकथनीय नहीं कहा गया। मैंने धीमे से जिठानी से कहा, "जीजी में दया नहीं है।" सुन लिया तो फिर फौरन ही रोने लगी, पहुँची, भैया के पास! और यह भैया? –कमरे में आई तो बोला, "हाथ रख यहाँ, रख, रखती है या नहीं! क्या कह रहा हूँ, सुन रही है?" और मेरे दोनों हाथों पर इस खानदानी भारी पलंग का पाया रखकर सो गया है। रोते-रोते मैं बेदम हो गई हूँ। बाहर सूनी रात साँय-साँय कर रही है, कभी-कभी चौकीदार की आवाज़ सुनाई दे जाती है।

मेरे अंग-अंग में दर्द होता है, मेरे जोड़-जोड़ में कराहें भरी हैं, आज दो महीने हो गए, कोई दो शब्द प्रेम से बोलनेवाला नहीं है! गाली खाओ, पिटो, भूखे रहो, पर चुप रहो–यही इस बड़े घर का कायदा है, बड़े घर की इज्जत है! हमारे गलों को भींचकर ये लोग दम्भ से कहते हैं–हम इस उच्च वंश परम्परा के अग्रदूत हैं। तुम्हारे घर में क्यों नहीं, सारे देश में आज यही हो रहा है!

और अगर मैं आज भाग जाती हूँ तो? कहाँ रह जाएँगी इनकी इज्जत-नाक? यह बीरबल का मकान? शाहजहाँ द्वारा दिया इनाम में मिला यह सब सम्मान? लेकिन...लेकिन मैं भाग नहीं सकती। मैं जानती हूँ मेरी बोटी-बोटी काट ली जाएगी, मेरी चमड़ी इंच-इंच भर उधेड़ ली

जाएगी। ये कसाई मुझे काट डालेंगे! मैं यों ही मर जाऊँगी, हाय! यों ही अनजान भैया-भाभी आज सब समझेंगे न जाने कैसे मर गई, किसी को मालूम भी न होगा।

मेरे हाथों में फिर चीटियाँ-सी चल रही हैं, और फिर पीड़ा हो रही है। मेरी नस-नस जैसे गरम सँड़सी से पकड़कर खींची जा रही है। उफ, नसें-फूल-फूलकर कैसी नीली-नीली निकल आई हैं? कोई नहीं बचाएगा, मुझे कोई नहीं बचाएगा! मैं यों ही मरूँगी—यों ही। औरों की सासें तंग करती हैं, ननद तंग करती हैं, तो उन्हें एक सहारा रहता है, उन्हें एक आधार रहता है, एक जगह रहती है, जहाँ वे अपना सुख-दुख कह सकती हैं, सान्त्वना पा सकती हैं, प्यार कर सकती हैं! पर, पर यहाँ तो यह मूर्ख मिट्टी का पुतला—मैं इसका आदर नहीं कर सकती, इससे प्रेम नहीं कर सकती! यह कायर-नपुंसक! तो क्या मैं यों ही मर जाऊँगी—मुझे कोई भी नहीं बचा पाएगा? आह! कोई सुनो, केवल एक क्षण को सुन लो। यह काली छाया-सी क्या आ रही है, मुझे डर लगता हैं, मैं बिलख-बिलखकर कहती हूँ, मुझसे यहाँ नहीं रहा जाएगा—मैं मरना नहीं चाहती, अभी मेरी उम्र ही क्या है?—केवल सोलह वर्ष की! सच कह रही हूँ मैं मरना नहीं चाहती, मुझे संसार में देखने दो, मुझे जीने दो!

लेकिन यहाँ कोई नहीं जीने देगा—कोई मुझे सुख की साँस नहीं लेने देगा—यहाँ सब कसाई हैं, सब हत्यारे हैं! मेरे मुँह से भर्राई-सी चीख निकलती है—'अम्मा' अम्मा क्या तुम सुन रही हो, नहीं, तुम नहीं सुन सकती माँ! चीख सुनकर वह करवट बदलकर फिर चादर तानकर सो गया है! पहली की तरह यह मुझे भी मार देगा, इसका कुछ ठीक नहीं है।

तो मैं यों ही मुँह बन्द किए हुए मर जाऊँ? यहाँ से भाग जाऊँ? तो कहीं डूब जाऊँ? कुएँ में गिर जाऊँ? दूर भाग जाऊँ, जहाँ किसी को पता भी न लगे—कोई जान भी नहीं पाएगा, ये दुष्ट वहाँ पहुँच भी नहीं पाएँगे। लेकिन क्या करूँगी? पढ़ी-लिखी मैं हूँ नहीं!

और मेरे अन्दर एक आवेश-सा उठा है, एक तीव्र झटका-सा मुझे अपने अन्दर अनुभव होता है, जैसे मेरे अन्दर कोई कड़कती बिजली-सी तड़फड़ाती है! मैं यहाँ नहीं रहूँगी, नहीं रहूँगी! देखें मुझे कौन रोकता है?

मैं एकदम तनकर बैठ जाती हूँ, घुटनों के बल बैठकर जोर के झटके से दोनों हाथ बाहर खींच लेती हूँ, मेरी हथेलियों का पृष्ठ भाग पृथ्वी से छिल गया है—उनमें से ख़ून टपकने लगा है, लेकिन मुझे चिन्ता नहीं है, डर नहीं है, मुझे भाग जाने दो—दूर...दूर इस रौरव से दूर।

मैं दौड़कर किवाड़ खोलती हूँ—बाहर भी भीषण अन्धकार है, एकदम काली दीवार-सी खड़ी है सामने! किवाड़ खोलते ही मुझे दिखाई देता है, सामने काले क्षितिज पर आग की प्रतिक्षण बढ़ती लपलपाती लपटों से बना एक प्रश्नवाचक चिह्न भीषण दैत्य-सा खड़ा है, अन्धकार में चमक रहा है। कितना बड़ा—पृथ्वी से लेकर आकाश में दूर तक ऊँचा, सारा क्षितिज उससे ढँक गया है। मैं स्तब्ध खड़ी रह गई हूँ,! भय से मेरी आँखें और मुँह खुले के खुले रह गए हैं—लेकिन अब? लेकिन अब? आत्महत्या? कुआँ? चौका बर्तन? वेश्यावृत्ति?—क्या?

पीछे का द्वार बन्द हो गया है। और मैं उस भयंकर धधकते प्रश्नवाचक अग्निकुंड में कूद पड़ती हूँ—मुझे भागना है दूर—इस नरक से दूर!

मेरे आगे वह प्रश्नवाचक चिह्न पीछे भागता है—लेकिन अब? लेकिन अब...?

स्वतंत्रता-दिवस

एक युग की लम्बी और अनिश्चित अवधि के पश्चात् देश स्वतंत्र होने जा रहा है, आज जैसे वातावरण को किसी अदृश्य शक्ति ने बदल दिया है—तो फिर सेठ धन्नामल की ऊँची अट्टालिका पर कई जगह तिरंगे क्यों न हों? क्यों न वे सिल्क और मलमल के स्थान पर खद्दर के कुर्ते पहनें? अभी उन्होंने कांग्रेस के नाम पर बड़ा भारी दान दिया है—और प्रायः सभी स्थानीय समाचार-पत्रों में यह बात बड़े-बड़े शब्दों में निकली है। मेरे इस वर्णन में शायद व्यंग्यात्मक ध्वनि का आभास हो रहा है, यह मेरी लेखन शैली का दोष है। वास्तव में राष्ट्रीय कार्यों में सेठ जी से बढ़कर कोई और उत्साही नहीं है—कम-से-कम इस सुविख्यात व्यापारी नगर के इस प्रमुख मुहल्ले में।

हाँ, तो आजकल सेठजी की मुख-मुद्रा उत्फुल्ल है—जैसे उनके अन्दर कुछ उमँग रहा है। जैसे भारत की सारी गुलामी का भार उन्हीं पर आ पड़ा था—और वे इस भार से मुक्त होने जा रहे हैं—अरे, भाई पन्द्रह अगस्त आ रहा है या नहीं?

कई सम्भ्रान्त महाशयों के मध्य में—कौओं के मध्य में हंस की भाँति—सेठजी अपने अन्दर कुछ विशेष उल्लास का अनुभव कर रहे हैं। पन्द्रह अगस्त को उन्हें क्या-क्या करना है, इसकी योजना बना ली है—ऐसे सुन्दर अवसर पर वे अपने मुहल्ले की 'नाक' के प्रति चिन्ताग्रस्त हो उठे हैं। गर्व से गर्दन फुलाकर उन्होंने पास ही 'पोथी-पन्ना' लेकर बैठे मुनीमजी से कहा—'मुनीमजी, नए रंगीन बल्ब वगैरा तो ले ही आए

होगे—देखो, मकान-अकान सभी की सफाई-सफेदी होगी। प्रबन्ध करा देना। और क्या—यह भी सही देश की स्वतंत्रता के नाम पर!' और अपनी बात पर वह स्वयं खिलखिला पड़े। बैठे हुए व्यक्तियों की ओर देखा, कि इस बात का उन पर क्या प्रभाव पड़ा। सभी के मुख पर प्रशंसा की छाप थी। किन्तु बोला कोई कुछ भी नहीं, सेठजी ने फिर सबका ध्यान अपनी ओर आकृष्ट करके अपनी समझ में एक विद्वत्तापूर्ण 'लेक्चर' की भाँति कहा—''वास्तव में इस आजादी के लिए बहुत मूल्य चुकाना पड़ा है—हमारे ऐसे-ऐसे महापुरुष जो युगों में एक होते हैं, नष्ट कर दिए गए। नेताजी को तुम क्या समझते हो? उस जैसा वीर कभी हुआ है दुनिया में? और अब हम जब स्वतंत्र होने जा रहे तो क्या हमारा इतना भी कर्तव्य नहीं है कि स्वतंत्रतादेवी का जी खोलकर स्वागत भी करें?'

'ठीक कहते हैं सेठजी आप। इतने बड़े दिन को यों ही साधारण दिनों में गिनना मूर्खता है—बुद्धि का दिवालियापन है।' यह स्थानीय पत्र के संवाददाता श्यामाचरण थे!

सेठजी का अंग-अंग जैसे नाच उठा, पुलककर एकदम मुनीमजी को बोले, 'मुनीमजी, चौदह-पन्द्रह-सोलह अगस्त को लगातार शर्बत की प्याऊ लगेगी—अच्छा। ये भी सही—चीनी के बोरे मँगा लेना...' फिर एकदम उपस्थित सज्जनों की ओर—विशेषकर कांग्रेस के एक उच्च कार्यकर्ता की ओर, जो अपने नाम से अधिक 'नेताजी' के नाम से सुविख्यात थे—देखकर बोले, 'क्यों नेताजी, बीस बोरे ठीक रहेगा न?—देखो, मुनीमजी, टी.आर.ओ. के पास तुम्हीं चले जाओ—ऐसे 'पुण्य' अवसर बार-बार नहीं आते!' फिर सेठजी ने नेताजी की ओर जोड़ दिए—'नेताजी, मैं अपनी कार भेज दूँगा—जरा चले जाइए। जैसे भी हो यह चीनी आप दिलवा दें, तो बड़ी कृपा होगी। इस काम के लिए चीनी देने का 'ऑर्डर' तो है, पर ये साले बड़े चक्कर दिलाने के बाद देते हैं—कभी कहते हैं कल आना, कभी कहते हैं परसों! और नेताजी, सच बात है, ये काम तो ऐसा है जितनी लगन से किया जाए उतना ही फलदायक होगा।' अपनी बात पर जोर देकर उन्होंने कहा, 'फलदायक होगा नेताजी, लोक और परलोक दोनों में।'

नेताजी की आँखों में आँसू भर आए, जैसे उनके मुख पर अंकित रेखाओं से शब्द फिसले पड़ रहे थे—आप धन्य हैं—आप जैसों के ही बल पर तो ये दिन देखने को मिल रहा है! एकदम बोले, 'अवश्य, अवश्य! वास्तव में ऐसे अवसर बार-बार और आसानी से नहीं आते।' और तभी उन्हें अपने विगत-जीवन के कुछ रोमांचकारी परीक्षाओं के क्षण आँखों के आगे से चमककर लुप्त होते हुए प्रतीत हुए। वह कांग्रेस के लोमहर्षक अभियान। उनके मुख से एकदम दीर्घ श्वास निकल पड़ी।

संवाददाता श्यामाचरण, बीमा एजेंट मनोहर लाल से बोले, 'लक्ष्मी और सरस्वती का ऐसा संयोग दुर्लभ है। शब्द यद्यपि पुराने थे, पर श्यामाचरण को लगा जैसे उनके हृदय के कोमल भाग से उच्छ्वसित यह शब्द एक निराले व्यक्तित्व में डूबते-उतराते हों।

सेठजी के नेताजी के प्रति जोड़े हुए हाथ अभी तक जुड़े हुए ही थे, उन्होंने उन्हीं को जरा ऊपर करके भक्तिभाव से आँखें मूँदकर गद्गद स्वर विह्वल कंठ से बुदबुदाया—'इस चोले से जितना भी 'पुन्न' बन जाए—सब उसी एक 'पिरभू' की माया है। और ईश्वर की करुणा साक्षात् उनके अन्तर में उतर आई। जैसे वे रो पड़ने को तैयार हैं—अहा! देश स्वतंत्र होगा।' फिर एक झटके में चैतन्य होकर मुनीमजी से बोले, 'हाँ मुनीमजी, जरा चले जाओ नेताजी के साथ। और हाँ, मटरू से जरा शर्बत और पान की कह दो!''

कृतज्ञता और भक्ति जैसे बरसी!

सेठजी ने इधर-उधर देखा—कमरे में कोई भी नहीं था। अपने मस्तक का सहारा लेकर उठँग गए—मुनीमजी से धीरे-धीरे चिन्तित स्वर में बोले, 'क्यों मुनीमजी, एक बोरा चीनी कितने का है?'

'साठ रुपए बोरा है।' मुनीम जी ने बताया।

सेठजी ने हिसाब लगाया—'साठ रुपए का एक बोरा, तो बीस बोरे?...बारह सौ के, एक हज़ार दो सौ...हूँ।' सेठ धन्नामल जैसे चिन्ता के कुएँ में डुबकियाँ लगाने लगे। फिर एकदम मुनीमजी की ओर अपनी दाहिनी आँख मारकर संकेत विशेष करके बोले, ''और 'बाजार' में क्या भाव है?''

मुनीमजी 'बाजार' का भाव समझ गए—बोले, 'ठीक नहीं मालूम—अन्दाज से एक सौ साठ होगा।'

'एक...सौ...साठ।' सेठजी ने एक-एक शब्द को रुक-रुककर जैसे जोर देकर दुहराया—फिर ओठों से अस्फुट-सी ध्वनि निकली—'हूँ'

थोड़ी देर सोचने के पश्चात् सेठजी ने निर्णयात्मक ढंग से—बहुत मीठे, विनम्र शब्दों में कहा, 'मुनीमजी, दस बोरे निकलवा दो बाजार में! बाकी बचे दस—तो दस बोरों में से पाँच घर खर्च के लिए अन्दर भिजवा दो, फिर पाँच बोरियों में से जितना चाहे खर्च हो कर दो। क्यों ठीक है न? बेकार इतनी चीनी खराब करके होगा क्या? फिर तुम जानते ही हो चीज मिलती नहीं है आजकल! पाँच बोरी घर इसलिए भिजवा दीं, 'बखत' 'बे-बखत' काम आ ही जावेंगी। तुम जानो घर-गिरस्ती है, बीस काम हैं। त्योहार-बार को फिर मुँह देखते फिरें—पैसा लिये फिरें—चीज नहीं मिलै! और फिर ये चीनी है—अमृत है अमृत! तपस्या करनी पड़ै!—क्यों ठीक है न!' अपने हाथों और मुख के संकेत से सेठजी ने सारी बात मुनीमजी के मस्तिष्क में बैठा देने का प्रयत्न किया।

'जी बिलकुल ठीक!' मुनीमजी ने सिर हिलाया, बहीखाते पर दौड़ती कलम ठहर गई।

'और हाँ, एक काम करना मुनीमजी! केवड़े की एक शीशी ले आना सो उस शर्बत में डल जाएगी—पाँच-छः तक आएगी बस! और देखो, शर्बत जरा देख के बनवाना—ऐसा ज्यादा मीठा भी नहीं हो—बरफ की सिलों को कह दिया?' मुनीमजी ने स्वीकृति दी।

और चौदह अगस्त के प्रारम्भ से ही सेठजी ने अपने भवन के दोनों ओर दो 'प्याऊ' बैठा दीं। रेडियो 'लाउडस्पीकर' फिट होने लगे। तिरंगे नए बदल दिए गए। योजना थी पन्द्रह अगस्त को 'बैंड' बुलाने की। छिड़काव हुआ, शामियाने तने। और लोगों को सेठजी की लड़की की शादी के शानदार दृश्य याद आ गए। स्वतंत्रतादेवी के आगमन पर जैसे सच्चा हर्ष उन्हें ही हो रहा था और जिस उत्साह से वे उस हर्ष को प्रकट कर रहे थे—उसके सामने जैसे सब नतमस्तक हुए जा रहे थे। स्थानीय पत्रों के सान्ध्य संस्करण में सेठ धन्नामल की इस उदारता पर

तीन-तीन कॉलम रँगे गए। एक पत्र का तो विचार अपने स्वाधीनता विशेषांक में 'स्वाधीनता-युद्ध और उसमें सेठ धन्नामल का उदार सहयोग' शीर्षक से उनका जीवन-चरित्र निकालने का है। उनके चित्र का ब्लॉक बन रहा है!

('हंस' (मासिक) बनारस, वर्ष : 17, अंक : 12, सितम्बर, 1947)

●●●